# Guide-nous vers la pureté

Une sélection des discours de
Sri Mata Amritanandamayi
1990-1999

*Compilé par Swami Jnanamritananda*

Mata Amritanandamayi Center, San Ramon
Californie, États-Unis

# Guide-nous vers la pureté

Un recueil des enseignements de Sri Mata Amritanandamayi
Compilé par Swami Jnanamritananda

*Publié par :*
Mata Amritanandamayi Center
P.O. Box 613
San Ramon, CA 94583
États-Unis

———————— *Lead us to Purity (French)* ————————

*Première édition par le Centre MA :* septembre 2016

*En France :*
Ferme du Plessis
28190 Pontgouin
www.ammafrance.org

*En Inde :*
www.amritapuri.org
inform@amritapuri.org

O Être suprême
Guide-nous de l'illusion à la Vérité,
Des ténèbres vers la Lumière
Et de la mort à l'immortalité.
Om paix, paix, paix.

— *Brihadaranyaka Upanishad (1 : 3 : 28)*

# Table des matières

# Préface

Ce livre est un recueil de discours donnés par Amma en Inde entre 1990 et 1999. A mesure qu'Amma, à la lumière de la spiritualité, révèle avec une logique infaillible les vérités concernant la vie, c'est une vision nouvelle qui s'ouvre au lecteur et il ne peut qu'éprouver le désir de vivre en accord avec les principes universels exposés par Amma de façon si limpide. Comme une mère parle à son enfant, c'est dans un langage très simple qu'Amma révèle les principes les plus profonds. Dans ce livre, nous recevons des réponses irréfutables aux nombreuses questions que la plupart d'entre nous ont posées ou bien ont voulu poser un jour ou l'autre.

Le lecteur constatera que certains discours contiennent les mêmes exemples, les mêmes histoires. Ces répétitions, rares, ont été laissées telles quelles à cause de la beauté des exemples, qui de plus s'insèrent à merveille dans le contexte. En outre, l'éditeur ne souhaitait pas modifier les discours d'Amma.

Chaque phrase prononcée par Amma nous aide à comprendre le but ultime de la vie et nous révèle des moyens d'y parvenir. Les paroles d'Amma nous guident et nous encouragent à faire en sorte que notre vie prenne tout son sens et s'épanouisse dans la plénitude.

# Première partie

# Enfants de l'immortalité

*Discours d'Amma prononcés lors des
fêtes célébrant son anniversaire*

Que ce poème fasse son chemin sans faillir
Comme le soleil suit sa trajectoire.
Puissent tous les enfants de l'immortalité écouter,
Même ceux qui sont montés au Ciel.

*– Shvetashvatara Upanishad (2:5)*

*Amma regardant ses enfants pendant la fête organisée pour son anniversaire*

# La pratique du dharma est la source et le soutien de celui-ci

## Message d'anniversaire d'Amma en 1990

*Lors des fêtes célébrant l'anniversaire d'Amma en 1990, il y avait environ 20 000 personnes, issues de tous les milieux et venues de toute l'Inde. Il y avait aussi des centaines d'Occidentaux. A la fin des années 90, les foules atteignaient plus de 50 000 personnes.*

Mes chers enfants[1],

Amma[2] est contente que, le jour de son anniversaire, vous soyez si heureux et offriez ainsi votre service.

En-dehors de cela, Amma ne retire aucune joie spéciale de ces fêtes. Elle n'a donné son accord que pour la joie de ses enfants. Mes chers enfants, ce qui réjouit vraiment Amma, c'est de voir que vous vous aimez les uns les autres et que vous faites preuve de compassion envers autrui. Amma est bien plus contente quand vous vous portez volontaires pour curer un égout que quand vous lui lavez les pieds et les vénérez. Soyez prêts à servir le monde avec autant d'enthousiasme et de dévotion que vous en mettez à servir Amma. C'est quand vous vous efforcez d'alléger la souffrance dans le monde, en oeuvrant de manière désintéressée, que vous adorez véritablement les pieds d'Amma. Amma serait réellement heureuse si ses enfants considéraient son anniversaire comme un jour où il faut essuyer les larmes de ceux qui souffrent.

---

[1] Amma s'adresse à tous comme à ses enfants, à ses fils et à ses filles. Quand elle parle d'eux, elle dit souvent : « Les enfants ».

[2] Amma veut dire « Mère » en malayalam. Amma parle généralement d'elle à la 3ème personne, en se désignant par le nom d'Amma.

## Cultivez le renoncement

Si vous aimez Amma, si vous voulez la rendre heureuse, faites le vœu à chacun de ses anniversaires d'abandonner au moins une de vos mauvaises habitudes.

Cela montrera votre amour réel pour Amma. Si le bonheur était vraiment dans les cigarettes, par exemple, tout le monde n'éprouverait-il pas du bonheur à fumer ? Mais tel n'est pas le cas. Certains ne supportent pas l'odeur de la cigarette ; cela les dérange. Le bonheur ne dépend pas des objets extérieurs ; le bonheur dépend du mental. En maîtrisant le mental, nous pouvons connaître la joie sans l'aide d'aucun objet extérieur. Alors pourquoi gaspiller de l'argent et mettre en péril votre santé ? Si vous fumez, faites le vœu d'arrêter dès aujourd'hui. L'argent que vous épargnerez ainsi peut permettre de financer la scolarité d'un enfant pauvre. Si vous buvez, faites le vœu de ne plus toucher à l'alcool. Et puis, on dépense souvent entre cent et cinq cents roupies pour acheter un seul vêtement. Certaines d'entre vous achètent au moins dix saris par an. Contentez-vous de neuf cette année et avec l'argent épargné, achetez des médicaments pour une personne pauvre et malade. Mes enfants, si vous aimez vraiment Amma, si vous aimez l'Être suprême, alors vous serez prêts à pratiquer ce type de renoncement.

Mes enfants, sans renoncement, il est impossible de réaliser Dieu. *Tyagenaike amritatvahmanashuh* : C'est uniquement par le renoncement que l'on peut accéder à l'immortalité. (*Ce vers sanskrit est la devise de l'ashram ; il est tiré d'une Upanishad, ndt.*) Pour atteindre un but, quel qu'il soit, il faut renoncer à quelque chose. Pour réussir un examen, il faut étudier, travailler dur en gardant ce but à l'esprit et se concentrer sur celui-ci. Si nous voulons construire un pont, il faut y travailler avec beaucoup de patience et de soin. Quoi que nous fassions, la réussite est toujours fondée sur le renoncement. Il est impossible de traverser l'océan du *samsara*[3] sans l'esprit de renoncement.

Sans renoncement, nous aurons beau répéter des mantras, nous n'en retirerons aucun bienfait. Peu importe le nombre de mantras que nous récitons, sans esprit de renoncement, nous ne pourrons pas réaliser notre divinité bien-aimée[4] (*ishta devata*).

La divinité apparaîtra devant celui qui est doté de cet esprit, même s'il ne répète aucun mantra. Tous les êtres divins viendront l'aider dans son travail. Cela ne signifie pas qu'il est superflu de répéter un mantra, mais simplement qu'il faut, en outre, vivre selon ces principes. Il ne suffit pas de semer une graine. On atteint la perfection en faisant de bonnes actions sans rien attendre en échange. Nos bonnes actions donnent la mesure de notre croissance.

**La compassion envers les pauvres est notre devoir envers Dieu**

Nous venons adorer Dieu dans le temple en faisant le tour du sanctuaire et en appelant : « Krishna ! Krishna ! » Puis en sortant, si le mendiant à la porte nous implore : « Aidez-moi ! J'ai faim ! » nous ne le regardons même pas. Nous lui crions : « Va-t-en ! » et partons sans lui accorder un regard de sympathie.

Il était une fois un disciple qui n'aimait pas faire l'aumône. Son maître spirituel, le sachant fort bien, alla chez lui déguisé en mendiant et arriva au moment où le disciple offrait du lait et des fruits devant son portrait ; il mendia un peu de nourriture, mais le disciple le chassa en criant : « Il n'y a rien pour toi ici ! » Alors le maître ôta son déguisement. Le disciple, atterré, se prosterna à ses pieds.

Nous sommes tous comme ce disciple. Nous n'aimons que la forme extérieure et non pas l'essence qui est à l'intérieur. Nous

---

[3] Le monde de la pluralité; le cycle des naissances et des morts

[4] La divinité que l'on a choisi d'adorer parce qu'elle correspond à notre nature et qui est notre but ultime.

offrons du lait et du riz au lait (*payasam*) à une image, mais nous ne donnons pas un centime à un mendiant ! Amma ne dit pas qu'il faut se montrer prodigue envers les mendiants. Il faut faire attention quand on donne de l'argent car beaucoup de gens risquent de le dépenser pour acheter de l'alcool ou de la drogue. Au lieu d'argent, donnons plutôt de la nourriture, des vêtements et quelques paroles pleines de bonté. Tel est notre devoir envers Dieu. Donc, mes enfants, nourrissez ceux qui ont faim et aidez ceux qui souffrent.

Dieu est partout, Il est partout présent. Que pourrions-nous bien offrir à Dieu ? La compassion envers les pauvres, envers les nécessiteux, c'est cela, l'amour et la dévotion authentiques envers Dieu.

Mes enfants, voici le message d'Amma : réconfortez ceux qui souffrent et aidez les pauvres. Chasser les malheureux, leur crier dessus, ce n'est pas un signe de dévotion envers Dieu. Nous aurons beau prier, jamais notre prière ne portera ses fruits si, dans le même temps, nous faisons du mal aux autres ou les critiquons. Ayons quelques paroles de consolation envers ceux qui viennent à nous. Accueillons-les avec le sourire. Libérons-nous de toute arrogance et soyons humbles. Même si l'autre a fait une erreur, pardonnons-lui au maximum. Voilà différents aspects de la prière. De telles prières sont acceptées par Dieu.

Nous aurons beau répéter notre mantra un million de fois et faire d'innombrables pèlerinages, jamais nous ne trouverons Dieu si nous nourrissons de mauvais sentiments envers les autres ou leur passons sur le corps pour obtenir ce que nous voulons. Quand on verse du lait dans un récipient sale, le seul résultat, c'est que le lait tourne. Les bonnes actions purifient le mental.

Mes enfants, Amma vous demande – elle ne vous le commande pas, parce qu'Amma n'a pas le pouvoir de donner d'ordres à qui que ce soit – de faire le vœu de renoncer à une mauvaise habitude ou à un objet de luxe. Il n'y a pas d'autre moyen pour que nos prières portent leurs fruits.

Faisons tous les efforts possibles pour modeler notre cœur afin d'être prêts à consoler les malheureux et à aider ceux qui vivent dans la misère. Pour que notre cœur et notre esprit s'ouvrent, il est dit qu'il faut donner de la nourriture à ceux qui ont faim, et non pas les insulter. Jamais nous n'oublierons le visage de celui qui est venu nous aider quand nous étions en détresse.

Si, par accident, nous nous mettons le doigt dans l'œil, nous ne nous coupons pas pour autant le doigt ! Nous pardonnons au doigt et nous nous frottons l'œil et le réconfortons parce que l'œil comme la main nous appartiennent. Mes enfants, nous devrions ainsi aimer les autres le plus possible et pardonner leurs erreurs. C'est cela, le véritable amour pour Dieu. Ceux qui ont un tel amour dans le cœur recevront la grâce de Dieu.

Certains confient à Amma : « Amma, j'ai tous ces problèmes. S'il te plaît, fais un *sankalpa* (une résolution divine) pour moi ! » Mais dès qu'ils ont traversé la lagune sur le bateau de l'ashram, ces gens-là vont tout droit au bar. Certains arrivent même ici déjà ivres. Amma n'est pas en colère contre eux, elle ne met pas non plus en question leur liberté d'action et va même jusqu'à faire un *sankalpa* pour eux, mais ils ne peuvent en recevoir les bienfaits. Leur mental est dur comme la pierre. Leur vie est remplie d'égoïsme.

### La prière

Vous aurez beau fréquenter l'ashram pendant des années, recevoir le darshan d'Amma et prier, vous n'en retirerez aucun bénéfice réel si vous n'accomplissez pas aussi de bonnes actions. Quand vous venez ici, vous pouvez déposer le fardeau qui vous pèse sur le cœur. Toutefois, certains ne viennent qu'avec une seule préoccupation : comment rentrer chez eux le plus tôt possible. Est-ce là s'abandonner ?

Amma est généralement désolée en voyant le chagrin de ses enfants. Mais pour certains son cœur ne fond pas, parce qu'elle se dit : « Cette personne est égoïste. Que d'argent et d'énergie elle dépense pour des choses illusoires ! Pourquoi Amma devrait-elle faire un *sankalpa* pour ceux qui ne sont pas capables de renoncer à un seul plaisir égoïste ? » Voilà pourquoi certains n'obtiennent pas ce qu'ils désirent. Comment Amma pourrait-elle répandre sa compassion sur ceux qui mènent une vie complètement égoïste ?

Ce qui fait fructifier le *sankalpa* d'Amma, ce sont les prières et les bonnes actions de ses enfants. Sans cela, même si Amma prend une résolution en leur faveur, ils n'en recevront pas les bienfaits. La chaîne de télévision émet des programmes mais nous ne pouvons les regarder que si nous réglons notre poste sur la bonne fréquence. Ainsi, il faut régler le mental sur le monde de Dieu pour en recevoir le moindre bienfait.

Essayez de faire un seul pas vers l'Être suprême et vous verrez combien Il en fera vers vous ! Ceux qui renoncent vraiment à l'égoïsme, font de bonnes actions et prient comme il convient, n'auront pas à affronter la souffrance. Connaissez-vous l'histoire de Kouchela[5] ?

Il ne s'agit pas de simples contes ; ce sont des expériences réelles. Et elles sont innombrables !

Mes enfants, priez avec amour et dévotion. Votre cœur devrait fondre dans la prière. On considère parfois les larmes comme une faiblesse. Mais verser des larmes pour obtenir la vision de Dieu n'est absolument pas une faiblesse. L'éclat de la bougie augmente à mesure qu'elle fond. Les larmes sont un moyen facile d'ouvrir le cœur. Les larmes balayent les impuretés du mental et nous en tirons de la force. Pleurer pour des choses illusoires est en revanche une faiblesse qui nous vide de notre énergie. Pleurer par anxiété pour les choses que nous désirons obtenir demain

---

[5] Voir glossaire

est une faiblesse. Quand vient le moment d'agir, les pleurs nous ont vidé de notre force et nous tombons malade.

En cas de blessure, appliquez le remède adéquat. Inutile de pleurer et de se lamenter. Certains parents sont si angoissés au moment d'arranger le mariage de leurs enfants qu'ils en perdent le sommeil et prennent des somnifères. Le jour du mariage, le père ou la mère se retrouve à l'hôpital. Amma a rencontré d'innombrables personnes de ce type, dotées d'un mental faible. Certains se rongent d'inquiétude quand ils font construire leur maison. Une fois qu'elle est achevée, le propriétaire ne peut même plus en faire le tour parce qu'il a eu une crise cardiaque. A force de s'angoisser ainsi, la plupart des gens perdent leur enthousiasme, leur énergie et se ruinent la santé. C'est de la faiblesse. Si par contre nous versons des larmes pour Dieu, nous y gagnons de l'enthousiasme, de l'énergie et la paix.

Le but de la foi en Dieu, le but de la prière, ce n'est pas d'atteindre le Ciel après la mort. Certains affirment que les maîtres spirituels et les ashrams encouragent la superstition et n'attirent que les naïfs. Mais ceux qui font de telles déclarations ne comprennent pas la vérité ; ils manquent d'intelligence. C'est leur mental qui est déformé. Les maîtres spirituels nous enseignent comment transcender les faiblesses du mental, comment veiller à ne pas troubler l'harmonie de la vie. Les ashrams sont des centres qui répandent cet enseignement.

Dans la construction, on utilise du béton armé pour renforcer les murs de soutènement. Sans cela, les bâtiments s'effondreraient. La foi en Dieu est comparable à ce béton armé. La foi renforce notre mental qui est faible. Si nous avons la foi, nous ne pleurons pas pour des choses illusoires et elles ne nous font pas perdre la tête. Les journaux rapportent chaque jour de nombreux suicides. Dans la plupart des cas, ce ne sont ni des problèmes de santé ni des problèmes financiers qui motivent cet acte. La cause, c'est un manque de force mentale. Si nous parvenons à développer une foi authentique en Dieu, cette faiblesse disparaîtra. La foi apaise le mental et nous permet de surmonter des difficultés mineures sans succomber.

Donc, mes enfants, prenez totalement refuge en l'Être suprême, en Dieu. Apprenez à utiliser votre mental correctement et vous ne connaîtrez pas la tristesse. Tout le nécessaire viendra à vous. S'il en allait autrement, venez le dire à Amma ! Mais c'est impossible car Amma parle d'après une longue expérience personnelle.

## Pratiquez la modération

La plupart des enfants d'Amma qui viennent ici ne pensent, dès leur arrivée, qu'au retour. Ils sont inquiets à l'idée de manquer le bus. Dès qu'ils ont vu Amma, ils se dépêchent de se prosterner et de s'en aller en courant. Beaucoup d'entre eux n'ont qu'une chose à dire : « Amma, il n'y a personne à la maison, alors nous devons repartir tout de suite. Notre bus va bientôt démarrer. » Il ne suffit pas de dire que l'on s'abandonne, il faut le prouver par des actes. Ces enfants sont incapables de s'abandonner totalement à la Vérité suprême, même pendant l'unique journée qu'ils passent ici. Ils rencontrent Amma, certes, mais au milieu de toutes les plaintes et les demandes qu'Amma entend, rares sont ceux qui cherchent le chemin vers Dieu. Cela ne signifie pas qu'il faut ignorer ce qui relève du monde profane. Reconnaissons simplement qu'il n'y a là rien de permanent. Mes enfants, vous avez couru après les plaisirs du monde pendant des années, allant jusqu'à oublier de manger et de dormir, et cela ne vous a apporté que du chagrin. Ne l'oubliez pas. A partir de maintenant, quand vous allez dans un temple ou un ashram, dédiez un peu de votre temps à Dieu seul. Oubliez tous vos attachements, au moins pendant ce temps.

Il était une fois un roi qui avait décidé de renoncer au trône pour mener la vie d'un *vanaprastha* [6]. Il décida de distribuer toutes ses richesses à ses sujets. Il donna à chacun ce qu'il demandait.

Un jeune homme vint trouver le roi et lui exposa tous ses problèmes. Le roi lui donna des richesses substantielles, mais celui-ci n'était toujours pas satisfait. Au moment où il partait pour le palais, sa femme lui avait dit : « Ne reviens qu'après avoir obtenu le plus possible du roi ! » En voyant l'avidité de cet homme, le roi dit : « Il y a une rivière où pousse du corail précieux. Tu peux en devenir le propriétaire. » L'homme était ravi. Le roi ajouta : « Mais il y a une condition : tu auras exactement douze heures devant toi. Prends un bateau et rame aussi vite que tu peux, puis reviens au point de départ dans le temps imparti. Tu seras propriétaire de la partie de la rivière sur laquelle tu auras navigué et le corail que l'on y trouve t'appartiendra. Mais si tu es en retard d'une seule seconde, tu n'auras rien. » L'homme accepta. Au jour fixé, les foules se rassemblèrent sur la rive pour le voir ramer. Sa femme et ses amis le pressaient de s'emparer de toute la rivière, aussi difficile que ce soit. « Si tu obtiens cette fortune, ce sera un exploit fabuleux ! » disaient-ils. L'homme, plein d'enthousiasme, se mit à ramer. Au bout de six heures, poussé par l'avidité, il décida de continuer. Pendant deux heures encore, il persévéra. Il ne lui restait plus que quatre heures pour rejoindre son point de départ et couvrir la distance qu'il avait parcourue à l'aller en huit heures, c'est-à-dire le double. Il augmenta sa vitesse. Sur la rive, sa femme et ses amis l'encourageaient. Ils lui criaient : « Si tu es en retard d'une seule seconde, tes efforts seront ruinés ! Dépêche-toi ! Vite ! » Le temps était presque écoulé, mais il lui

---

[6] Il y a traditionnellement en Inde quatre étapes dans la vie. *Vanaprastha* est la troisième. Quand les enfants d'un couple sont assez grands pour s'assumer, les parents se retirent dans un ermitage ou un ashram où ils mènent une vie purement spirituelle et se consacrent aux pratiques spirituelles.

restait encore un long chemin à faire. Il ramait de toutes ses forces. La poitrine lui faisait mal mais il ne s'arrêta pas pour autant. Une main contre la poitrine, il pagayait de l'autre. Son épuisement augmentait. Il se mit à vomir du sang ; cependant, poussé par l'avidité, il continua de ramer. Finalement, il réussit à retourner au point de départ, une seconde avant l'heure fatidique. Sa femme et ses amis dansaient de joie. Mais l'homme s'effondra et rendit son dernier soupir.

Voilà que sa veuve se trouva face à un problème : comment ramener le corps à la maison ? Ils habitaient loin, il fallait organiser un transport. Elle déclara alors : « De toutes manières, il est mort. Il faudrait que je loue un véhicule pour ramener le corps à la maison. J'ai maintenant nos enfants à élever. Je n'ai pas assez d'argent pour payer le transport, alors enterrons-le quelque part ici ! Cela suffira. » Pour cet homme, tout s'est donc terminé à deux mètres sous terre. Personne ne l'a accompagné. Sa femme et ses amis, qui le poussaient à acquérir sans travail toute cette richesse, ses enfants – personne n'est venu avec lui. Et la fortune non plus. C'est la vie, mes enfants ! Les gens n'accordent pas un moment de paix à leur mental. Ils se préoccupent constamment de leur famille, de leurs biens, et ont souvent recours à des moyens peu scrupuleux pour s'enrichir. Mais à la fin, emportent-ils quoi que ce soit ? Non.

La souffrance commence à l'instant où naît le désir pour les choses du monde. Même si les désirs sont satisfaits, la souffrance ne fait qu'attendre au tournant car les objets que nous désirons sont éphémères. Si ce n'est aujourd'hui, nous les perdrons demain. Dieu est la seule source de paix permanente. Vous pouvez éviter la souffrance si vous reconnaissez que les plaisirs matériels ne durent pas et fondez votre vie sur ce principe.

Amma ne dit pas que la richesse et les objets du monde sont inutiles. Ayez suffisamment pour satisfaire vos besoins, mais pas plus. Soyez conscients de ce qui est éternel, de ce qui apporte la paix, et efforcez-vous de l'obtenir. Le Ciel et l'Enfer existent ici-bas. C'est le mental qui crée le Ciel ou l'Enfer. C'est donc le mental qu'il faut contrôler. Alors nous n'aurons pas à souffrir. Il n'y aura que béatitude, béatitude et béatitude.

*Amma après la pada puja le jour de son anniversaire*

# La vraie dévotion : la dévotion envers le principe divin

*Message d'anniversaire d'Amma en 1991*

Mes enfants, fermez les yeux et trouvez le calme intérieur. Abandonnez toute pensée et concentrez-vous sur les pieds de votre divinité bien-aimée. Ne pensez ni à votre maison, ni à votre travail ni au bus que vous devez prendre pour rentrer. Ne pensez qu'à votre divinité bien-aimée. Faites silence et répétez le nom de Dieu. On peut verser quantité d'eau sur les branches d'un arbre, c'est inutile. En revanche, si on verse l'eau sur les racines, elle se répandra dans toutes les parties de l'arbre. Donc, concentrez-vous sur les pieds du Seigneur, car penser à autre chose est aussi inutile que verser de l'eau sur les branches d'un arbre.

Si votre bateau est amarré, vous aurez beau ramer de toutes vos forces, jamais vous ne traverserez la rivière. Ainsi, lorsque vous priez, si votre pensée s'attache à votre famille et à vos possessions, vous n'obtiendrez pas les bienfaits de vos prières, aussi nombreuses soient-elles. Donc, quand vous priez, soyez totalement abandonné à Dieu. Mes enfants, cela seul portera des fruits.

Dans le monde de la spiritualité, il n'y a ni naissance ni mort. Le jour où la notion « je suis né » disparaît, nous sommes arrivés à la porte de Dieu. Le Royaume de l'Être suprême se trouve au-delà de la vie et de la mort.

Amma n'a accepté cette célébration qu'en pensant au bonheur de ses enfants. C'est le moment où peuvent se manifester votre renoncement, votre amour et votre sens de l'égalité. Amma a ainsi l'occasion de vous voir tous rassemblés.

Une fois ici, ne rentrez pas chez vous sans avoir rien fait. Ne rentrez qu'après avoir répété un mantra et médité un peu. Les pratiques spirituelles sont notre seule vraie richesse, c'est pourquoi Amma vous demande de faire l'*archana*[7].

Comme Amma accorde une grande importance à la prière, il en est qui déprécient notre voie en lui apposant l'étiquette de la dévotion (*bhakti*). Ils considèrent que la dévotion est une voie inférieure à d'autres. Certains nient l'existence de Dieu. Pour d'autres encore, Dieu est sans forme et sans attribut, si bien qu'ils jugent que la dévotion est une faiblesse. Il est vrai qu'adorer de nombreuses divinités différentes ou des esprits mauvais n'est que dévotion aveugle. La dévotion authentique nous enseigne à voir l'Être suprême unique, partout présent, en nous-mêmes et en toute chose.

Il était une fois un homme que tous s'accordaient à reconnaître comme un grand dévot. Un matin, un de ses amis passa le voir de bonne heure. Mais il lui fut répondu que son ami était occupé à vénérer Ganesh. Au bout d'un moment, le visiteur se renseigna de nouveau et il apprit que le dévot faisait maintenant une *puja* (un rituel sacré) au dieu Shiva. Le visiteur alla creuser un puits dans la cour. La fois suivante, on lui répondit que son ami adorait la Mère divine. Il creusa un autre puits. Quand son hôte sortit enfin, après avoir fait toutes les *pujas*, il remarqua que sa cour était pleine de trous. Il demanda à son ami ce qui s'était passé. Celui-ci répondit : « Je voulais de l'eau. Si j'avais creusé toujours au même endroit, au lieu de faire tous ces trous, il y a longtemps que j'en aurais trouvé. Maintenant, le seul résultat, c'est que j'ai perdu mon temps et mon énergie ! » Le dévot comprit ce que son ami voulait dire. Si le temps qu'il passait à vénérer des dieux différents avait été voué à se concentrer sur une seule divinité, il aurait atteint son but depuis longtemps. Tous les dieux

---

[7] Une forme d'adoration au cours de laquelle on récite les noms d'une divinité, généralement au nombre de 108, 300 ou mille.

sont le Dieu unique qui demeure en nous. L'homme abandonna sa dévotion immature et primitive pour devenir un vrai dévot.

La prière a une place privilégiée dans la pratique spirituelle. Prier n'est pas une faiblesse. En priant avec foi et sincérité, nous pouvons éveiller l'amour qui est latent en nous. On peut comparer cela à la technique de pêche au lamparo.

En réalité, la dévotion, c'est la faculté de discerner (*viveka*) entre l'éternel et l'éphémère. Agir en ayant conscience de ce qui est éternel et de ce qui est périssable, c'est de la dévotion.

Une autre raison de valoriser la voie de la dévotion, c'est qu'il est possible de faire des progrès rapides dans nos pratiques spirituelles en suivant nos schémas de fonctionnement habituels. Enfants, nous trouvons le bonheur dans le giron de notre mère. Ensuite, c'est à nos amis que nous sommes heureux de confier joies et peines. Adultes, notre mari ou notre femme vient partager nos chagrins. Ainsi, selon les étapes de la vie, nous avons tendance à garder l'esprit fixé sur une personne ou une autre. C'est ainsi que nous trouvons le bonheur. Cette habitude du mental peut nous empêcher de nous élever soudainement au niveau nécessaire pour adorer un Être suprême sans forme. Il est donc plus réaliste de vénérer une forme de Dieu.

Nous avons beau être convaincu intellectuellement que Dieu n'a ni forme ni attribut, lorsque nous sommes confrontés aux différentes situations de la vie, nous l'oublions. Il était une fois un homme dont l'encrier était toujours placé à sa gauche. Quand il écrivait, il trempait sa plume dans l'encre. Un jour, il a déplacé son encrier pour le mettre du côté droit. Il savait fort bien que l'encrier se trouvait à droite, malgré tout, sa main s'est automatiquement dirigée vers la gauche pour y tremper la plume. Il avait fait ce geste pendant tant d'années que c'était devenu une seconde nature. C'est ainsi que nos habitudes nous dévorent. Il n'est pas possible de les changer rapidement.

Pendant des années, nous avons pris appui sur quelque chose d'extérieur. Mais en fait, ces schémas de fonctionnement peuvent s'avérer utiles dans notre pratique spirituelle ; c'est peut-être le moyen le plus facile de se purifier intérieurement. C'est pourquoi Amma vous conseille de prendre refuge en votre divinité d'élection tout au long de votre vie. Libérez le mental de son attachement à la richesse, à la famille, aux amis, à la renommée, à votre position sociale, etc., et ne l'attachez qu'à Dieu. Votre attachement actuel, votre dévotion envers toutes ces choses, tournez-les vers Dieu.

En répétant le mantra de votre divinité d'élection, vous pouvez réduire le nombre des pensées, le faire passer de cent à dix. A mesure que vous répétez ce mantra, le mental va se calmer et devenir transparent comme du cristal.

Comme le soleil se reflète à la surface d'un lac tranquille, lorsque le mental est parfaitement calme, vous pouvez y voir clairement la forme de l'Être suprême. Ce n'est pas la voie de la faiblesse, ce n'est pas non plus primitif. C'est un raccourci vers le but ultime.

Amma n'insiste pas pour que vous suiviez telle ou telle voie. Vous avez la liberté de choisir. Ne croyez pas que telle voie soit différente ou supérieure à telle autre. Elles mènent toutes à la même unique Vérité. Toutes méritent le respect.

Les *iddlis*, les *doshas* et les *puttus*[8] sont des plats différents, mais tous à base de riz. Nous pouvons choisir ce qui convient le mieux à notre goût et à nos capacités digestives. L'un ou l'autre de ces plats apaisera notre faim.

Ainsi, selon leur culture, les gens ont des goûts variés et les maîtres spirituels ont indiqué diverses voies, adaptées à ces goûts. Si les chemins semblent différents, leur essence est la même et ils conduisent tous au même but.

---

[8] Plats traditionnels indiens.

## Le service, passeport vers Dieu

Amma voit beaucoup de changement chez ses enfants par rapport à l'an dernier. Une partie d'entre vous a renoncé au tabac, à la boisson, aux objets de luxe. Certains l'ont fait, mais pas tous. L'année prochaine, Amma veut que deux fois plus d'entre vous changent. Voilà ce qui serait un vrai cadeau d'anniversaire !

Certains d'entre vous viennent de loin. Il vous a fallu prendre plusieurs bus et affronter de nombreuses difficultés pour atteindre l'ashram. Pourtant, vous ne semblez pas avoir la patience de passer ne fût-ce qu'un petit moment ici. D'autres passent leur temps à échanger des commérages et à fumer. Il y en a même qui arrivent ici ivres. Mes enfants, puisque vous dépensez votre argent et faites des efforts pour venir à l'ashram, que ce soit afin de vous concentrer sur Dieu. Le temps que vous passez ici, consacrez-le à vous intérioriser, à méditer et à répéter votre mantra dans la solitude. Mes chers enfants, profitez-en pour adopter une attitude de prière et pour servir. Libérez-vous de votre égoïsme inné.

Vous savez que la béatitude ne se trouve pas dans les objets extérieurs ; elle demeure en vous. Lorsque notre bonheur dépend de l'extérieur, nous nous affaiblissons. Le bonheur réel ne provient pas de ces choses. Si le vrai bonheur résidait dans l'alcool ou dans la drogue, il n'y aurait aucune raison pour que ceux qui en consomment finissent à l'hôpital psychiatrique. S'ils en viennent toujours à pleurer de douleur, c'est qu'ils croient que le bonheur se trouve à l'extérieur. Les fumeurs peuvent lire l'avertissement très clair inscrit sur les paquets de cigarettes : « Fumer est nocif pour la santé ». Cela ne les empêche pas ensuite d'allumer une cigarette ! Ils sont devenus esclaves de leur habitude. Ils sont faibles. Un être courageux s'appuie sur ses propres forces. Dépendre des objets extérieurs n'est pas un signe de courage, mais d'esclavage. Quant à ceux qui s'inquiètent de ce que diront les autres s'ils ne fument pas ou ne boivent pas comme eux, ce sont des lâches et des faibles de la pire espèce.

Mes chers enfants, tant de gens pauvres ont beaucoup de mal à se procurer un seul repas par jour ou un vêtement de rechange. Innombrables sont les enfants qui quittent l'école parce qu'ils ne peuvent pas payer les frais de scolarité. Beaucoup de familles pauvres habitent des masures dont les toits fuient, parce qu'ils n'ont pas les moyens de s'offrir un toit neuf. Et tant d'autres souffrent et se tordent de douleur parce qu'ils ne peuvent pas acheter les médicaments qui les soulageraient. L'argent dépensé par ceux qui consomment de l'alcool et de la drogue, ruinant ainsi leur santé et leur vie, serait suffisant pour mettre un terme à la souffrance des malheureux.

La compassion dont vous faites preuve envers ceux qui souffrent, c'est cela, le véritable amour pour Amma. Soyez prêts à servir les autres, même si c'est au prix de votre propre confort. Alors Dieu accourra pour vous prendre dans Ses bras.

Mes enfants, il est impossible d'arriver à Dieu à l'aide de la seule prière. On ne vous laissera pas partir pour le voyage de la libération sans le passeport du service désintéressé. Seuls ceux qui accomplissent des actions désintéressées sont qualifiés pour trouver Dieu, pour atteindre le but.

### Il est essentiel que notre pratique soit constante

Amma sait bien que tant que vous n'avez pas fait l'expérience de ce qu'elle vous répète, c'est-à-dire que la béatitude est à l'intérieur de vous et non à l'extérieur, vous ne pouvez pas assimiler complètement cette vérité.

Une mère et son fils vivaient dans une maison infestée de souris. Le fils se mit à réfléchir au moyen de tuer toutes les souris. Il envisagea d'abord de se procurer un chat, puis il décida qu'un piège à souris ferait mieux l'affaire. Comme il n'avait pas assez d'argent pour en acheter un, il entreprit de le construire. Il prépara les matériaux mais voilà que soudain, tout en travaillant, il eut le sentiment de se transformer en souris ! Cette sensation devint très forte. Il se mit à trembler de peur à l'idée d'être attrapé par un chat. Sa mère remarqua qu'il paniquait et lui demanda ce qui n'allait pas. Il répondit : « Le chat approche ! » « Et alors ? » demanda sa mère. Terrifié, le garçon répondit : « Je suis une souris ! Si le chat me voit, il va me manger ! » Sa mère s'efforça de le réconforter en lui répétant : « Mon fils, tu n'es pas une souris ! » Mais comme sa peur persistait et qu'il continuait à s'identifier à une souris, elle finit par l'emmener voir un médecin. Celui-ci le raisonna : « Vous n'êtes pas une souris. Regardez-moi, regardez tous ces gens. Maintenant, dites-moi : êtes-vous différent ? » Il plaça le garçon devant un miroir et la peur disparut. Il rentra donc chez lui avec sa mère mais en chemin, comme ils approchaient de leur maison, voilà qu'un chat traversa la rue. Dès qu'il vit le chat, l'attitude du garçon changea. Il cria : « Oh non, un chat ! » et courut se cacher derrière un arbre. Sa mère le ramena aussitôt chez le médecin qui lui dit : « Je vous ai pourtant bien expliqué que vous étiez un être humain et pas une souris. Comment se fait-il donc que vous ayez encore peur à la vue d'un chat ? » Le garçon répondit : « Docteur, je sais que je suis humain, que je ne suis pas une souris. Mais le chat, lui, il ne le sait pas ! »

Mes enfants, nous aurons beau étudier les Ecritures pendant des décennies, nous aurons beau nous répéter un nombre infini de fois que nous avons la force de surmonter n'importe quel problème, si nous n'avons pas la maîtrise parfaite du mental, nous allons trébucher face aux difficultés. On peut nous dire un nombre incalculable de fois que nous ne sommes pas le corps, le mental et l'intellect, que nous sommes l'incarnation de la béatitude, nous l'oublions quand nous sommes confrontés aux problèmes les plus triviaux. Une pratique constante est donc essentielle si nous voulons rester forts face aux difficultés. Il s'agit d'entraîner le mental à garder toujours conscience de ces vérités. Nous devons le former à éliminer tous les obstacles qui se dressent sur notre chemin, convaincus que nous ne sommes pas des moutons mais de jeunes lions ! Quelle que soit l'épreuve qui survient, abandonnons tout à Dieu et agissons sans peur. Il vaut beaucoup mieux tout déposer aux pieds de Dieu que gaspiller son temps et se ruiner la santé à se ronger de chagrin. Que l'on s'effondre, que l'on se lamente à haute voix, cela ne change rien aux circonstances. Pourquoi se laisser aller à la tristesse ? Quand on se blesse, au lieu de pleurer sans rien faire, mieux vaut appliquer un baume. C'est la même chose dans les moments de crise : il s'agit de trouver une solution sans se laisser ébranler.

Mes enfants, si vous ne réussissez pas à surmonter votre tristesse, méditez et répétez un mantra pendant un moment ou bien lisez un texte tiré des Ecritures. Au lieu de laisser le mental vagabonder, fixez-le sur une activité que vous aimez. Cela vous permettra de trouver le calme intérieur. Ainsi, vous ne perdrez pas de temps, vous ne ruinerez pas votre santé. Quand une voiture ou un bâtiment est assuré, le propriétaire est sans inquiétude. Il sait qu'en cas d'accident, la compagnie d'assurance le remboursera. Ainsi, ceux qui agissent en pensant constamment à l'Être suprême n'ont rien à craindre. En cas de crise, Dieu nous aidera. Il nous protègera et nous guidera.

## Comment faire la charité

Mes enfants, c'est de la compassion que nous éprouvons pour les pauvres, de la sympathie que nous ressentons pour leur souffrance que doit jaillir notre désir de servir. Si nous travaillons un peu plus longtemps, même quand nous nous sentons épuisés, cet effort, offert de manière désintéressée sans rien attendre en retour, indiquera à quel point nous sommes dévoués à notre travail. En utilisant l'argent que nous gagnons ainsi pour aider les pauvres, nous exprimerons notre compassion. Mes enfants, il ne suffit pas de prier. Il faut aussi faire de bonnes actions.

Aux Etats-Unis, pour trouver du travail, il n'est pas suffisant d'avoir des diplômes, il faut aussi des références qui touchent à notre caractère (*des adresses de gens qui nous connaissent depuis longtemps et sont prêts à témoigner que nous avons bon caractère, ndt*). Pour faire du riz au lait (*payasam*), il ne suffit pas de mettre du riz dans une casserole d'eau pour le faire bouillir. Il faut ajouter du sucre roux et de la noix de coco râpée. Nous n'obtenons le *payasam* qu'en mélangeant les ingrédients voulus. De même, la prière seule ne nous permet pas d'obtenir la grâce de Dieu. Le service désintéressé, le renoncement, l'abandon de soi et la compassion, tout cela est essentiel.

Il était une fois un homme qui, malgré sa richesse, n'avait aucune paix intérieure. Il songeait : « Si seulement je pouvais aller au Ciel, je serais toujours heureux. » Il demanda conseil à beaucoup de gens : « Comment va-t-on au Ciel ? » Il finit par rencontrer un moine qui lui dit : « C'est possible en faisant la charité. Mais ne juge pas ceux à qui tu donnes et distribue ton argent sans compter. » L'homme riche acheta un grand nombre de vaches dans l'intention de les donner. Mais cela ne lui coûta pas grand-chose car il choisit de vieilles vaches dont personne d'autre ne voulait. Le moine lui avait dit de ne pas compter l'argent qu'il distribuait. Il changea de l'argent pour avoir de la menue monnaie, qu'il pourrait ensuite distribuer à pleines poignées. Il fit publier la date à laquelle il comptait faire sa distribution aux pauvres. Le moine connaissait bien cet homme. Il s'inquiétait : ses actes risquaient de le mener en Enfer au lieu de le conduire au Ciel. Il décida d'essayer de le sauver. Il se déguisa en mendiant et se mit dans la queue des pauvres qui attendaient l'aumône. Il reçut une poignée de piécettes et une vache qui n'était guère plus qu'un tas d'os, trop faible pour marcher. Il offrit alors au riche un bol en or. Celui-ci exultait d'avoir reçu un tel cadeau, bien plus précieux que ce qu'il avait distribué ! Le moine déguisé lui dit : « J'ai une demande à te faire : s'il te plaît, rends-moi ce bol quand nous serons au Ciel ! » L'avare se retrouva bouche bée. « Te le rendre quand nous serons au ciel ! Mais comment faire ? Il faut mourir avant de pouvoir entrer au ciel. Comment emporter toutes ces choses avec nous ? A la mort, rien de tout cela ne va nous accompagner ! »

L'homme riche réfléchit à ce qu'il venait de dire : « Rien ne nous accompagne lorsque nous franchissons le seuil de la mort. » Et la sagesse se fit jour dans son esprit. Il se dit : « A la mort, nous n'emportons rien avec nous. Alors pourquoi suis-je aussi avare envers ces pauvres gens ? Quel péché j'ai commis en me montrant aussi pingre ! » Il tomba aux pieds du saint homme qui lui avait ouvert les yeux. Il demanda pardon de ce qu'il avait fait à ses frères humains et distribua sans regret toute sa fortune. Et en faisant cela, il ressentit une béatitude qu'il n'avait encore jamais éprouvée de sa vie.

Mes enfants, bien que beaucoup d'entre nous fassent des cadeaux aux autres, nous nous montrons le plus souvent bien peu généreux. Rappelez-vous cela, mes enfants, quelle que soit notre fortune, aucun de nos trésors ne nous appartient pour l'éternité. Alors pourquoi lésiner ? Faisons tout notre possible pour aider ceux qui souffrent. Voilà notre vraie richesse. Voilà le chemin qui mène à la paix et à la tranquillité.

Mes enfants, offrons notre mental à Dieu. Ce n'est pas facile, car le mental n'est pas un objet qu'on peut simplement prendre et donner. Mais quand nous abandonnons un objet auquel le mental est attaché, cela équivaut à offrir le mental à Dieu. Le mental de la plupart des gens est aujourd'hui attaché à la richesse plus qu'à toute autre chose, plus même qu'à leurs proches. Beaucoup, sachant qu'ils n'obtiendront leur part de la propriété familiale qu'après la mort de leurs parents, sont prêts à les éliminer d'une manière ou d'une autre ! Et s'ils découvrent que leur part d'héritage sera plus petite que ce qu'ils espéraient, ils risquent même d'intenter un procès à leurs parents ! L'amour du patrimoine surpasse celui qu'ils portent à leurs parents.

Donner les biens auxquels le mental est attaché revient à faire don du mental. Seules les prières d'un cœur qui a développé cette attitude d'abandon portent leurs fruits. Dieu n'a pas besoin de notre fortune ni de notre prestige. Le soleil n'a pas besoin de la lumière d'une chandelle. C'est nous qui bénéficions de notre abandon à Dieu car, ainsi, nous devenons aptes à recevoir la grâce de Dieu, ce qui nous permet ensuite de savourer la béatitude éternelle. Notre richesse matérielle s'évanouira un jour ou l'autre, c'est inévitable. Mais si nous aimons Dieu au lieu d'aimer les biens matériels, nous posséderons la joie éternelle.

De petites choses suffisent à nous faire perdre la maîtrise de nous-mêmes. En conséquence, nous n'avons pas la concentration nécessaire pour travailler et nous sommes incapables d'exprimer l'amour que nous portons à notre famille et à nos amis. L'amertume et la haine grandissent alors en nous. Comme nous ne sommes pas en paix intérieurement, le sommeil nous fuit. Nous arrivons ensuite à un stade où il ne nous est plus possible de dormir sans cachets.

De tels cas abondent autour de nous ! En ayant vraiment foi en Dieu, grâce à la méditation, à la répétition du mantra et à la prière, nous pouvons développer la force de faire face à n'importe quelle situation sans chanceler. Nous aurons alors la capacité d'accorder une attention parfaite à tout ce que nous faisons, que les circonstances soient favorables ou pas. Alors mes enfants, sans jamais perdre de temps, répétez votre mantra et agissez de manière désintéressée. C'est cela qui mène à la paix et à l'harmonie.

## Ne voyez que le bien en tout

Mes enfants, si vous aimez réellement Dieu, vous devez arrêter de critiquer les autres. Dieu ne viendra jamais demeurer dans le cœur de celui qui juge les autres. Essayez de ne pas leur trouver de défauts. Rappelez-vous que c'est uniquement à cause de nos propres défauts que nous voyons ceux des autres.

Il était une fois un roi qui demanda à chacun de ses sujets de créer une sculpture et de la lui apporter. Au jour fixé, de nombreuses personnes se présentèrent au palais avec leur création. Le roi demanda à son ministre de juger ces œuvres et de décerner des prix selon leur mérite. Mais le ministre n'avait rien de positif à dire ! Selon lui, chacune d'elles avait un ou plusieurs défauts. Il dit au roi : « Aucun de vos sujets n'a fait une œuvre d'art digne de louanges. » Ces paroles déplurent au roi, qui répondit gravement : « Chacun d'eux a créé une œuvre correspondant à ses capacités et à ses connaissances. Il est vrai qu'ils n'ont produit aucun chef-d'œuvre et il faut garder cela en tête quand nous évaluons leur travail. Il n'existe rien en ce monde qui soit parfait ou complet ; un objet, quel qu'il soit, a toujours un défaut. Mais le fait que vous n'ayez pas pu trouver une seule sculpture qui mérite de recevoir au moins un petit prix montre que vous n'êtes pas qualifié pour être ministre ! » Le roi releva le ministre de ses fonctions. Celui qui ne savait voir chez autrui que les défauts perdit son poste. Mes enfants, il y a forcément du bien en toute chose, mais il faut avoir les yeux pour le voir.

Quand ceux qui s'efforcent de ne voir que le bien en autrui chantent un mantra une seule fois, ils en retirent autant de bienfaits que s'ils le répétaient dix millions de fois. Le cœur d'Amma fond en pensant à eux. Dieu leur donnera tout ce dont ils ont besoin.

# Soyez unis dans l'Amour

*Message d'anniversaire d'Amma, 1992*

Mes enfants, l'âme ne connaît ni naissance ni mort. Même l'idée que nous sommes nés doit mourir. Le but de la vie humaine, c'est de prendre conscience de cette vérité. S'il en est ainsi, pourquoi Amma a-t-elle accepté que l'on célèbre cet anniversaire ? Eh bien, c'est qu'Amma est heureuse de vous voir tous rassemblés ici, réunis pour répéter le mantra divin. La prière de groupe a une importance toute particulière. De plus, si votre désir de fêter ce jour est satisfait, vous voilà heureux et c'est ce qui fait la joie d'Amma : voir ses enfants heureux. De plus, cette journée est placée sous le signe du renoncement : ici, vous n'avez pas le confort dont vous profitez chez vous. Par amour pour Amma, vous travaillez sans répit, sans manger ni dormir. Vous contribuez ainsi à une œuvre qui apporte le réconfort et la paix à ceux qui souffrent. Mes enfants, ce sont de tels actes qui éveillent le Soi (*atman*).

Il est vrai qu'avec l'argent que nous dépensons pour cette fête, nous pourrions aider beaucoup de pauvres. Mais dans les circonstances actuelles, il n'est pas possible de supprimer purement et simplement de telles célébrations. Pour fabriquer des bijoux, nous devons ajouter un peu de cuivre à l'or pur. Pour élever la conscience des gens, il faut éprouver de l'empathie pour eux. Mes enfants, s'il y a la moindre faute de la part d'Amma, elle vous demande de lui pardonner !

Mes enfants, tout à l'heure, vous avez tous psalmodié « *Om amriteshwaryai namah* ». Mes enfants, cette déesse est l'essence pure du Soi immortel (*atmamrita*) qui demeure dans le lotus aux mille pétales, au sommet de la tête. C'est cela que vous devez atteindre, et non ce corps-ci d'un mètre cinquante ! Découvrez votre propre puissance intérieure. Découvrez la béatitude qui demeure en vous. Tel est le véritable sens de ce mantra.

## Priez pour obtenir la dévotion

Mes enfants, une fois que l'amour pour Dieu grandit en vous, vous ne pouvez plus penser à autre chose. Si les gens se plaignent et disent : « Voilà combien d'années que je vais au temple faire des *pujas* et prier ! Et pourtant, jamais, à aucun moment, le chagrin ne m'a été épargné ! » Amma n'a qu'une chose à leur dire : jamais ils n'ont vraiment appelé Dieu, parce qu'ils avaient la tête remplie d'une foule d'autres pensées. Ceux qui aiment Dieu ignorent le chagrin. La vie d'un être absorbé dans l'amour de Dieu n'est que béatitude. Où trouverait-il le temps de penser à ses chagrins et à ses problèmes ? Partout, en toute chose, il ne voit que sa divinité bien-aimée. Si nous prions, que ce soit pour aimer Dieu et non pour obtenir des gains matériels. Quand Amma pense à l'amour de Dieu, c'est l'histoire de la femme de Vidoura qui lui vient à l'esprit. Vidoura et sa femme étaient tous deux d'ardents dévots du Seigneur Krishna, et Vidoura L'invita un jour à venir chez eux. Le couple attendait avec ferveur le jour de la visite du Seigneur. Ils ne pensaient à rien d'autre qu'à Krishna. Comment allaient-ils Le recevoir ? Qu'allaient-ils Lui offrir ? Qu'allaient-ils Lui dire ? Et ainsi de suite. Le jour tant attendu arriva enfin. Ils préparèrent tout pour la visite du Seigneur. Comme l'heure de son arrivée approchait, la femme de Vidoura alla prendre son bain. Et c'est à ce moment-là que Krishna arriva, plus tôt que prévu. Une servante vint l'en informer. Alors elle sortit en courant, criant : « Krishna ! Krishna ! » et s'approcha du Seigneur. Elle avait complètement oublié qu'elle était en train de prendre son bain. Elle apporta des fruits pour le Seigneur et lui prépara un siège. Et en faisant tout cela, elle ne cessait de répéter : « Krishna ! Krishna ! ». Dans son état de dévotion, elle n'avait conscience de rien d'autre. Elle finit par s'asseoir sur le siège réservé au Seigneur, alors que Lui s'asseyait par terre ! Elle en était complètement inconsciente. Elle se mit à peler une banane, jeta le fruit, et avec amour, offrit la peau au Seigneur qui, tranquillement assis, savoura son offrande. C'est alors que Vidoura arriva sur les lieux. Quelle ne fut pas sa consternation devant le spectacle : sa femme, complètement nue et trempée, assise sur le siège de Krishna, alors que le Seigneur était assis par terre ! Il n'en croyait pas ses yeux ! Elle jetait les bananes et en donnait la peau à manger à Krishna ! Et Krishna appréciait tout cela comme s'il n'y avait rien de plus naturel.

Vidoura était furieux. « Oh, méchante femme, à quoi penses-tu donc ? » cria-t-il à sa femme. C'est alors seulement qu'elle revint à elle et prit conscience de ce qu'elle était en train de faire. Elle sortit en courant et revint un peu plus tard, habillée de frais. Elle et son mari firent asseoir le Seigneur sur le siège préparé et ils rendirent à ses pieds sacrés le culte prévu. Ils Lui offrirent les nombreux plats délicats qu'ils avaient préparés. Elle choisit une magnifique banane, la pela soigneusement et la Lui offrit. Quand tout fut terminé, Krishna dit : « Vous avez accompli les rituels exactement selon la tradition mais rien ne peut égaler l'accueil que j'ai reçu quand je suis arrivé ! Ce que vous m'avez offert ensuite n'était pas aussi bon que les peaux de bananes que j'ai savourées en premier. » C'est que la femme de Vidoura, dans sa dévotion, avait perdu toute conscience d'elle-même au moment où elle Lui offrait la peau de banane.

Mes enfants, c'est cette dévotion-là qu'il nous faut, celle qui fait que l'on oublie tout en présence de Dieu. Alors il n'y a plus de dualité, plus de « toi » et de « moi ». A ce moment-là, les rituels deviennent superflus. Tous les rituels sont faits pour nous aider à nous libérer du sens de la dualité. Voilà le genre d'amour qu'il faut éprouver envers Dieu. Dans notre cœur, il ne devrait y avoir de place que pour Lui. La rivière coule entre deux berges mais son lit est unique. Ainsi, nous parlons de Dieu et du dévot, du maître et du disciple, mais c'est l'amour qui nous mène vers le principe unificateur du Soi. Alors mes enfants, voilà la prière que vous devriez adresser à Dieu : « Fais que je T'aime et que j'oublie tout le reste ! » Car cela constitue la seule richesse éternelle, c'est la fontaine de la béatitude. Si nous atteignons ce niveau de dévotion, nous avons réussi notre vie.

## La compassion – le premier pas sur la voie de la spiritualité

Mes enfants, quand Amma parle de la nécessité de la dévotion envers Dieu, il ne s'agit pas seulement de la prière. Aimer Dieu ne consiste pas simplement à s'asseoir quelque part et à pleurer pour Dieu. Il faut être capable de percevoir la présence de Dieu en tout être vivant. Le sourire, la bonté aimante envers les autres, sont aussi des signes d'amour et de dévotion pour Dieu ; cette attitude est spontanée quand la dévotion ouvre notre cœur à Dieu. Alors nous ne nous mettons pas en colère contre qui que ce soit, nous n'exprimons que de l'amour.

Un homme pauvre tomba un jour malade au point qu'il était incapable de travailler. Il n'eut rien à manger pendant quelques jours et il devint très faible. Il aborda plusieurs personnes pour mendier de la nourriture mais nul ne fit attention à lui. Il frappa à de nombreuses portes mais tout le monde le chassa. Un profond découragement s'empara de lui. Il se dit qu'il ne voulait pas vivre dans un monde où les gens étaient aussi cruels et décida de mettre fin à ses jours. Mais il avait très faim. Il pensa : « Si seulement je pouvais calmer ma faim, je mourrais en paix. » Il décida de mendier une dernière fois. Il alla vers une hutte où vivait une femme. A sa surprise, elle l'invita très gentiment à s'asseoir dehors et entra dans la hutte pour lui chercher à manger. Elle découvrit alors que le récipient contenant de la nourriture avait été renversé par le chat, qui avait tout mangé. Elle ressortit toute triste pour annoncer à cet homme : « Je suis désolée ! J'avais du riz et quelques légumes que j'espérais vous donner, mais le chat a tout mangé. Il ne reste rien. Je ne peux pas vous donner d'argent parce que je n'en ai pas. S'il vous plaît, pardonnez-moi de vous décevoir ainsi ! »

L'homme lui répondit : « Mais vous m'avez donné ce qu'il me fallait. J'ai été malade. J'ai demandé à manger à beaucoup de gens, mais tout le monde m'a chassé. Personne n'a eu pour moi une seule parole aimable. Comme je trouvais insupportable de vivre dans un monde pareil, j'avais résolu de me suicider. Mais la faim était intolérable, j'ai donc décidé d'essayer encore une fois, c'est pourquoi je suis venu ici. Et même si vous ne m'avez rien donné à manger, vos paroles pleines d'amour m'ont rempli de joie. C'est grâce à de bonnes âmes telles que vous que des gens pauvres comme moi ont le courage de vivre. Grâce à vous, je n'ai plus envie de me tuer. Aujourd'hui, pour la première fois de ma vie, je suis heureux. »

Mes enfants, même si nous n'avons matériellement rien à donner, nous pouvons certainement offrir un sourire ou une parole aimable. Cela ne coûte pas grand-chose, n'est-ce pas ? Un cœur bon, cela suffit, c'est le premier pas sur le chemin spirituel. Celui qui agit ainsi n'a pas besoin de chercher Dieu. Dieu accourt vers le cœur rempli de compassion. Un tel cœur est Sa demeure préférée. Mes enfants, celui qui n'a pas de compassion pour ses semblables, on ne peut pas l'appeler un dévot.

Mes enfants, vous êtes tous venus ici aujourd'hui. L'année dernière vous avez fait un vœu. La plupart d'entre vous l'ont tenu. Beaucoup ont cessé de consommer de l'alcool, de fumer et d'acheter des choses superflues. Cette année aussi, si vous aimez Amma et si vous avez de la compassion pour le monde, faites le vœu de renoncer à vos mauvaises habitudes. Songez aux sommes d'argent que nous gaspillons en alcool, cigarettes, vêtements de prix et articles de luxe ! Mes enfants, faites tout votre possible pour réduire de telles dépenses. L'argent que vous économisez ainsi peut secourir les pauvres. Il y a des enfants très intelligents qui sont obligés d'arrêter leurs études parce qu'ils n'ont pas d'argent pour payer leurs frais. Vous pouvez les soutenir en finançant leurs études. Vous pouvez aider les sans-abri. Et beaucoup de malades souffrent parce qu'ils ne peuvent pas acheter les médicaments dont ils ont besoin. Vous pouvez les leur offrir. Il y a bien des manières d'aider les autres. L'argent que nous gaspillons suffirait à les secourir. Servir les indigents, c'est vraiment honorer le Seigneur. Voilà le genre de *pada puja*[9] qui satisfait Amma et la rend heureuse. Prions le Tout-puissant pour qu'Il nous donne un cœur rempli de compassion.

———❦———

---

[9] Culte rendu aux pieds du Seigneur, du guru ou d'un saint.

# Mère Nature protège ceux qui La protègent

*Message d'anniversaire d'Amma 1993*

*Les dévots étaient venus du monde entier pour célébrer le quarantième anniversaire d'Amma. Ils désiraient, en ce jour favorable, participer à une pada puja pour Amma. Mais dans l'atmosphère de tristesse créée par un tremblement de terre qui venait de se produire en Inde, Amma était très réticente. Elle ne souhaitait aucune pada puja, aucune fête. Elle finit cependant par céder aux prières ferventes de ses enfants. A huit heures du matin, elle arriva sous le dais au sud de la grande tente qui avait été montée pour l'occasion sur le terrain de l'ashram. Après une très belle pada puja, empreinte d'une profonde dévotion, Amma voulut réconforter tous les dévots qui n'avaient pas pu trouver de place confortable sous l'abri. Elle dit : « Mes enfants, asseyez-vous là où il y a de la place. Amma sait que tous n'ont pas pu entrer sous la tente. Ne soyez pas tristes mes enfants ! Le cœur d'Amma est tout aussi proche des enfants qui sont assis plus loin. Il bruine, nous irons bientôt dans le temple. » Amma commença ensuite son discours.*

Mes enfants, avoir accepté aujourd'hui cette *pada puja* est la plus grande erreur de la vie d'Amma. Amma a dit cent fois qu'il était inutile de faire une *puja*. Elle devrait au contraire vous servir, car c'est cela son bonheur. Elle n'est assise ici que pour vous rendre heureux. Pendant la tournée des Etats-Unis (deux mois auparavant) Amma a dit qu'il était inutile de célébrer son anniversaire cette année. Le cœur d'Amma était triste. Pensez à la situation d'aujourd'hui ! Des corps en train de pourrir et des milliers de survivants plongés dans le chagrin. Il n'y a pas moyen de protéger les survivants ni de procéder à la crémation des corps. Il n'y a pas assez de secouristes. Amma voudrait se précipiter là-bas. Elle a déjà demandé à certains de ses enfants d'y aller. Pensez à tous les gens affligés par la perte de leurs proches et de leurs biens !

La situation n'est pas spécifique à l'Inde : d'une façon ou d'une autre, cela se produit partout. Amma ne pense pas aux morts. Ils sont partis. Mais il y a des milliers de gens qui souffrent. C'est pour eux qu'Amma s'inquiète. C'est eux qu'il faut sauver. Il faut assurer leur sécurité. Mes enfants, faites un effort en ce sens.

## Protégez la Nature

Pourquoi la terre nous fait-elle souffrir ainsi ? Réfléchissez, mes enfants. Pensez au sacrifice que fait notre Mère la Nature et aux grands sacrifices que font pour nous les rivières, les arbres et les animaux ! Voyez les arbres : ils nous donnent des fruits, de l'ombre et de la fraîcheur. Ils procurent encore de l'ombre à celui qui les coupe. Voilà l'attitude des arbres. Examinons ainsi tout ce qui existe dans la nature et observons l'immense sacrifice accompli pour l'humanité. Mais que faisons-nous pour la nature ? On dit qu'il faut planter un arbuste chaque fois que l'on coupe un arbre. Mais combien de gens le font ? Et même s'ils le font, comment l'harmonie de la nature peut-elle être maintenue par un arbuste ? Un petit arbuste ne peut pas donner à la nature la même force qu'un grand arbre. Un petit enfant peut-il faire le travail d'un adulte ? Si l'adulte porte une corbeille de terre, l'enfant ne peut en porter qu'une cuillère. Il y a une grande différence.

Pour désinfecter un tonneau d'eau, suffit-il de mettre un milligramme d'antiseptique au lieu des dix prescrits ? C'est pourtant ce qui se passe aujourd'hui dans le domaine de la protection de l'environnement. La nature est en train de perdre son harmonie. La douce brise rafraîchissante qui nous caressait est devenue un immense ouragan. La terre, qui jusqu'alors avait été notre soutien, nous entraîne maintenant vers l'enfer.

Mais cela n'est pas la faute de la nature. Nous récoltons les fruits de notre iniquité, comme l'homme qui gagne sa vie en vendant des cercueils et qui finit à l'intérieur de l'un d'eux. Nous creusons notre propre tombe. Maintenant tout le monde a peur. Nous nous couchons le soir sans savoir si nous nous réveillerons le lendemain matin. Mes enfants, la protection de la nature devrait être notre priorité. C'est seulement ainsi que nous avons une chance de survivre. Il faut que nous arrêtions de détruire la nature pour de l'argent, à des fins égoïstes. En outre, chacun d'entre vous devrait s'efforcer de planter des arbres près de chez lui, au moins sur un petit bout de terrain.

Les sages d'autrefois nous ont prescrit de vénérer les arbres. Ils nous ont ainsi enseigné à quel point il est important de préserver la nature. Cultiver des fleurs destinées aux rituels, les cueillir et les offrir en adoration, allumer une lampe à huile en bronze, tout cela purifie l'atmosphère. De nos jours, l'air n'embaume plus la senteur des fleurs ni la bonne odeur de l'huile qui brûle dans la lampe. Nous respirons en revanche la pestilence des fumées toxiques émises par les usines. Jadis, l'espérance de vie était de cent vingt ans ; elle n'est plus maintenant que de soixante à quatre-vingts ans et de nouvelles maladies apparaissent sans cesse. On les attribue à des virus mais personne ne connaît leur véritable cause. L'atmosphère est polluée, les maladies se multiplient, notre santé se détériore, et notre espérance de vie diminue. Voilà où nous en sommes. Nous nous efforçons de créer le paradis sur terre, mais c'est le contraire qui se produit : cette terre est en train de se transformer en enfer. Nous avons envie de manger des friandises, mais la maladie nous en empêche. Le soir, nous voulons regarder un spectacle de danse, mais c'est encore la maladie qui nous rend incapables de veiller. C'est ainsi que les êtres humains ne peuvent plus satisfaire leurs désirs. L'humanité ne peut plus dénouer le nœud qu'elle a noué. Personne ou presque ne se demande comment tout cela va finir, comment parer à la situation. Et même si quelqu'un envisage une solution, on ne l'applique pas.

Cultiver des fleurs, les cueillir et les offrir à Dieu, tout cela purifie à la fois notre cœur et la nature. Le dévot récite un mantra en arrosant les fleurs, en les cueillant, en confectionnant sa guirlande. Le fait de répéter un mantra réduit le nombre des pensées et purifie le mental. Mais de nos jours, on considère cela comme de la superstition. Nous mettons notre foi dans des objets périssables fabriqués par les hommes, comme les ordinateurs et les télévisions, et nous ne croyons plus aux paroles des sages qui ont réalisé la Vérité. Quand l'ordinateur ou la voiture tombe en panne, tout le monde est prêt à travailler ou à attendre aussi longtemps qu'il le faut pour que ce soit réparé. Mais que faisons-nous pour remédier au manque d'harmonie du mental ?

## Un centre d'entraînement du mental

Mes enfants, si le mental est équilibré et en harmonie, tout le reste suit. Si le mental perd son équilibre, tout le reste n'est que cacophonie. Les ashrams sont des centres où les gens peuvent s'entraîner de façon à ne pas créer de fausses notes. Mais aujourd'hui, certains sont enclins à médire des ashrams et de la vie spirituelle, à les tourner en ridicule. Un film est sorti récemment dans lequel on se moque des ashrams en général. Certains dévots étaient bouleversés en entendant les commentaires de ceux qui avaient vu ce film. Ils se sont plaints de ce que les gens exprimaient des opinions sans prendre la peine de vérifier si elles reposaient sur la réalité. Il n'existe aucun rapport constatant la saisie de haschisch (*ganja*) dans un ashram au Kérala. On est prêt à croire aveuglément des fictions, des histoires à dormir debout écrites pour un scénario de film. On rejette en revanche les paroles des *mahatmas* (grandes âmes). Ces gens se proclament fièrement des « intellectuels ». Ils n'accordent aucune foi à ce qu'ils peuvent voir par eux-mêmes dans un ashram, ils préfèrent croire un scénariste. Après avoir vu ce film, beaucoup de gens se sont mis à médire des ashrams, mais ces intellectuels ne sont pas prêts à s'enquérir de ce qui se passe réellement.

Imaginez que quelqu'un vienne vous dire : « Hé, je t'ai vu raide mort ! On m'a aussi expliqué comment tu étais mort ! » alors que vous êtes parfaitement vivant ! Voilà ce qui se passe actuellement ! Les gens ne croient plus ce qu'ils voient par eux-mêmes et accordent plus de crédit aux films ou aux histoires qu'on leur raconte. Certes, l'art de l'écrivain consiste à dépeindre de manière réaliste ce qu'il perçoit par l'imagination. C'est la nature de la fiction littéraire. C'est ainsi que les écrivains gagnent leur vie et deviennent célèbres. Pour y parvenir, certains sont prêts à écrire n'importe quoi. Les scénaristes et les producteurs de films s'enrichissent, eux qui vivent dans le luxe. Mais les chercheurs spirituels sont différents : leur vie est la preuve de leur altruisme.

Amma ne critique pas les arts, ils sont nécessaires et chaque forme d'art a son importance. Mais les artistes ne devraient pas s'efforcer de détruire notre culture. La fonction de l'art devrait être d'élever la conscience de l'humanité. L'art doit nous ouvrir le cœur et l'esprit et non pas nous rendre semblables aux animaux. Le fait qu'il y ait eu des charlatans parmi les médecins n'implique pas que la science de la médecine soit fausse et que tous les médecins soient des imposteurs. Répandre de telles idées, c'est trahir la société. Les seules œuvres d'art qui sont bénéfiques à la fois aux individus et à la société sont celles qui nous enseignent à voir le bon côté des choses.

Les visiteurs qui viennent ici savent que les résidents de cet ashram travaillent dur, jour et nuit, mais ce n'est pas dans l'intention de pouvoir ensuite vivre dans le confort ou donner quelque chose à leurs enfants ou à leur famille qu'ils triment ainsi. Ils travaillent dur pour le monde. Vous pouvez les voir transporter du sable à minuit pour combler la lagune, tout cela afin de pouvoir construire un hébergement pour les visiteurs. C'est grâce à leur dur labeur, auquel ils sacrifient souvent nourriture et sommeil, que nous avons pu offrir au monde autant de service en si peu de temps. Les dévots chefs de famille servent eux aussi dans la mesure de leurs possibilités. Et ces activités se poursuivent encore aujourd'hui. Les aspirants spirituels qui résident dans les ashrams se consacrent au service du monde. Ils travaillent sans intérêt personnel. De nos jours, quand les jeunes entendent parler d'ashrams, ils pensent à celui de Rajneesh[10]. Mais son centre était conçu pour la société occidentale. Rajneesh conseillait les victimes de la drogue. Il s'est mis à leur niveau.

Quand on mange des oranges, la septième orange ne nous procure pas le même plaisir que la première. On finit par prendre en aversion une expérience qui se répète constamment. Ainsi, on découvre que le véritable bonheur ne se trouve dans aucun objet et on se met à en chercher la source.

Imaginez un chien en train de ronger un os. Quand le sang suinte, le chien pense que cela provient de l'os, mais il finit par s'effondrer à cause de tout le sang qu'il a perdu. C'est alors seulement qu'il se rend compte que le sang ne provient pas de l'os mais de ses gencives blessées. Voilà à quoi ressemblent nos efforts pour trouver le bonheur dans les objets extérieurs.

Rajneesh ne dit pas autre chose. Mais sa méthode d'enseignement est très différente de celle des sages d'autrefois. Sa philosophie n'est pas faite pour le peuple de l'Inde et nous ne sommes pas non plus d'accord avec elle. Mais il faut reconnaître qu'il a tout fait ouvertement. Il n'a rien caché. Il est cependant difficile de cultiver le détachement en s'adonnant aux excès. Amma ne dit

---

[10] Shree Rajneesh (1931-1990), aussi appelé Osho, né dans le Madhya Pradesh en Inde, avait un ashram dans l'Oregon aux USA pendant les années 1980. Son enseignement est controversé.

pas que c'est impossible, mais le détachement que nous obtenons après le plaisir est momentané. Il nous faut donc consciemment cultiver une attitude de détachement envers les plaisirs du monde. Si nous aimons le *payasam* (riz au lait) et en consommons à satiété, nous serons satisfaits, mais plus tard nous en désirerons deux fois plus. Il est impossible de se détacher des plaisirs sensoriels en essayant de satisfaire les sens une fois pour toutes. Nous ne pouvons nous en éloigner qu'en adoptant consciemment une attitude de détachement par rapport aux objets extérieurs. C'est la voie que préconise Amma. Cependant, de nos jours, beaucoup de gens ne suivent pas le chemin prescrit par les sages de jadis ; ils choisissent celui de Rajneesh, et on juge l'ensemble des ashrams là-dessus. Les esprits critiques ne voient pas le dur labeur et le renoncement des résidents de l'ashram d'Amma. Même en Occident, les enfants d'Amma travaillent. Ils font leur propre cuisine parce que manger à l'extérieur reviendrait très cher. Ils travaillent dur, économisent de l'argent et le donnent ici en Inde pour les œuvres caritatives. Il est donc important de s'attacher à découvrir où est la vérité au lieu d'émettre des opinions colportées par des films et des magazines.

Il existe dans le monde actuel trois catégories de personnes. La première est constituée par les plus pauvres, ceux qui n'ont rien. Amma en connaît beaucoup. Ils n'ont même pas une tenue correcte à se mettre et viennent ici avec des vêtements qu'ils empruntent. Innombrables sont ceux qui se débattent, en proie à de grandes difficultés : ils n'ont pas les moyens de refaire leur toit de palmes ni d'acheter des médicaments pour se soigner, ni de payer la scolarité de leurs enfants. Ils ne savent pas eux-mêmes comment ils réussissent à survivre au jour le jour. Et puis il y a la deuxième catégorie, ceux qui ont un peu d'argent, ceux dont les besoins sont plus ou moins couverts. Ils éprouvent de la compassion pour ceux qui souffrent, mais ils ne peuvent rien faire pour eux. La troisième catégorie est différente. Ils ont cent fois assez d'argent pour couvrir leurs besoins. Ils sont intelligents, dirigent des affaires et gagnent une fortune. Mais ils ne dépensent leur argent que pour accroître leur confort et leur bonheur personnels. Ils ne se soucient pas de ceux qui souffrent. On peut dire que ce sont vraiment eux, les plus pauvres parmi les pauvres. L'enfer est pour eux, parce qu'ils sont la cause de la souffrance des plus démunis. Ces gens ont pris l'argent qui revenait aux pauvres et le gardent pour eux. Mes enfants, rappelez-vous que notre devoir envers Dieu est de montrer de la compassion envers les pauvres. La dévotion, cela ne consiste pas seulement à faire le tour d'une statue en répétant : « Krishna, Moukounda, Mourare[11]! »

La dévotion réelle, c'est d'aider ceux qui sont en difficulté. Il y en a beaucoup qui repoussent ou frappent la main du mendiant comme s'il s'agissait d'une mouche. Ceux qui n'ont aucune compassion envers les pauvres ne retireront aucun bienfait de leur *japa* (récitation du mantra) ou de leur méditation. Ils auront beau faire des offrandes au temple, ils n'entreront pas au Ciel et ils ne trouveront pas la paix dans cette vie.

## La souffrance est notre propre création

Mes enfants, il y en a qui demandent : « Dieu est-Il partial ? Certains sont en bonne santé, alors que d'autres sont malades, certains sont riches et d'autres pauvres. Pourquoi cela ? » Mes enfants, ce n'est pas la faute de Dieu, c'est la nôtre.

Nous savons quelle était la taille d'une tomate autrefois. Aujourd'hui, grâce aux travaux des scientifiques, leur volume a plus que doublé. Amma ne rejette pas les bienfaits de la science, mais quand une tomate devient aussi grosse, sa valeur nutritive est moindre. Les maîtresses de maison savent qu'en ajoutant de la

---

[11] Différents noms du Seigneur Krishna

levure à la pâte des *idlis*[12], on obtient des *idlis* plus gros mais qui n'ont pas la même saveur que ceux préparés sans levure.

Nous employons des engrais et d'autres produits chimiques pour cultiver les tomates et le résultat, c'est que nous consommons des poisons qui détruisent nos cellules. Les parents qui ont ce type d'alimentation engendrent des enfants en mauvaise santé. Nous souffrons des conséquences de nos propres actions. Il est inutile de blâmer Dieu. Si nos actions sont pures, leurs résultats seront bons. Nos expériences actuelles sont le fruit des actions que nous avons accomplies dans des vies antérieures.

Un homme donne un jour à deux de ses amis deux dalles de pierre, une pour chacun. L'un d'eux est en très bonne santé et l'autre est maigre et faible. Quelques jours plus tard, il leur demande de casser ces dalles de pierre. Ils se mettent à les marteler. Celui qui est en pleine santé frappe dix fois la sienne sans toutefois réussir à y faire une seule fissure. L'homme faible donne deux coups et sa pierre se casse en deux. « Mais comment as-tu réussi à casser cette dalle en deux coups de marteau ? » demande le plus fort. « Eh bien, vois-tu, j'avais déjà donné de nombreux coups de marteau auparavant, » répond l'autre.

Ainsi, si certains se débattent dans les difficultés tandis que d'autres ont la vie facile, c'est le fruit de leurs actes passés. Notre réussite actuelle est le résultat de bonnes actions que nous avons faites dans le passé. Et si, à l'avenir, nous voulons continuer à réussir dans ce que nous entreprenons, il est nécessaire que nous fassions aujourd'hui de bonnes actions. Sinon, nous aurons à en souffrir demain. Si nous avons de la compassion envers ceux qui peinent aujourd'hui, nous pouvons éviter la souffrance dans le futur. En aidant ceux qui sont tombés dans le fossé à en sortir, nous pouvons éviter de connaître le même sort demain.

---

[12] Des sortes de petites galettes à base de riz, cuites à la vapeur. C'est un plat typique de l'Inde du Sud.

Mes enfants, il est difficile de comprendre ce qu'est le *prarabdha*[13] à l'aide de la raison ou de l'intellect.

Seule l'expérience peut nous l'enseigner. A certains moments de notre vie, nous sommes confrontés à de nombreux obstacles : des maladies incurables, des accidents, des morts prématurées, des disputes, des revers de fortune, etc. Dans de telles circonstances, il est inutile de rejeter la faute sur notre *prarabdha*. Grâce à l'effort personnel et à une attitude d'abandon à Dieu, il est possible de surmonter ces difficultés. Si nous méditons et répétons notre mantra, nous pouvons assurément modifier notre *prarabdha*, au moins à quatre-vingt dix pour cent, mais jamais à cent pour cent, parce que c'est une loi de la nature qui joue même dans le cas des *mahatmas* (grandes âmes). Il y a toutefois une différence, c'est qu'en réalité, rien ne les affecte vraiment, car ils sont intérieurement détachés de tout. La souffrance qui nous vient de notre *prarabdha* est en un sens une bénédiction divine, puisqu'elle nous aide à penser à Dieu. Dans les moments difficiles, ceux qui, de leur vie, n'ont jamais prié Dieu, L'appellent en pleurant. Nous les voyons soudain emprunter la voie du *dharma*. Lorsqu'ils se tournent vers la spiritualité, ils y puisent un grand soulagement et souffrent beaucoup moins.

Dès que l'on aborde le domaine de la spiritualité, la plupart des gens prennent peur. La vie spirituelle n'implique pas de ne rien posséder ni de renoncer à la vie de famille. Vous pouvez très bien faire fortune et être père ou mère de famille, mais votre vie doit se fonder sur la compréhension des principes spirituels. Acquérir des biens ou mener une vie de famille sans avoir conscience de ces principes revient à collectionner des peignes alors qu'on est chauve ! Nos richesses, nos proches, tout cela nous quittera un

---

[13] Le fruit des actions accomplies au cours de cette vie et de vies antérieures, que nous récoltons dans cette vie-ci.

jour. Il ne faut donc leur accorder dans notre vie que la place qu'ils méritent.

Il ne s'agit pas de renoncer à tout. Les principes de la spiritualité nous enseignent comment mener une vie sage et heureuse dans ce monde matériel. Celui qui se baigne dans la mer sans savoir nager risque d'être emporté par les vagues, il est en danger. Mais un nageur expérimenté, lui, aime nager au milieu des vagues et prend plaisir à jouer avec elles. De la même façon, si nous sommes dotés d'une bonne compréhension de la spiritualité, c'est avec une joie plus grande encore que nous pourrons étreindre la vie. La spiritualité, ce n'est pas simplement le moyen d'aller au Ciel, et il ne s'agit pas non plus d'un amas de superstitions. Le Ciel et l'Enfer sont ici-bas. Si nous considérons ce monde comme le jeu d'un enfant, nous pouvons élever notre esprit jusqu'au plan de l'expérience spirituelle. La spiritualité nous enseigne comment acquérir le courage et la force de savourer la béatitude dès cette vie. Elle ne nous encourage pas à rester assis sans rien faire. Si celui qui travaille normalement huit heures par jour se met à travailler dix heures et consacre ce revenu supplémentaire à aider les pauvres, il pratique la vraie spiritualité, la véritable adoration du Seigneur.

## La récitation des Mille Noms

Certains des enfants d'Amma sont venus lui exprimer leur malaise : quelqu'un leur avait dit que ceux qui récitaient le *Lalita Sahasranama* (les Mille Noms de la Mère divine) et adoraient la Mère divine étaient des voleurs. L'auteur de cette remarque avait, qui sait, peut-être observé chez certains un excès de luxe et de splendeur au nom de la prière. Ou bien encore il a cru que cette récitation était dédiée à quelque divinité trônant au Ciel. En réalité, si nous récitons les Mille Noms, ce n'est pas pour nous rendre propice une divinité située quelque part, là-haut, mais pour éveiller l'essence divine qui est en nous. Dieu est omniprésent, Il est présent en tout, et Il demeure aussi dans notre cœur. Le *Sahasranama* est un moyen de nous éveiller à ce niveau de conscience divin.

Chaque mantra du *Lalita Sahasranama* possède un ou des sens profonds. Prenez par exemple le premier mantra, *Sri matre namah*, « Salutations à la Mère ». La mère est la personnification de la patience et du pardon. Quand nous récitons ce mantra, ce *bhava* (attitude, humeur, état divin) s'éveille en nous. S'il nous est demandé de réciter ce mantra, c'est afin de nourrir la vertu de la patience. Chacun des mille noms est aussi important que les mantras contenus dans les Upanishads. Le seul fait de réciter les mille noms nous transporte inconsciemment à un état de conscience plus vaste. Le but du *Sahasranama* est de nous faire passer de la vision limitée (*samskara*) d'une mouche à celle du Divin. C'est cela, le vrai *satsang*[14].

Un couple avait deux fils. Le père emmenait l'un d'entre eux partout avec lui. Quand il jouait aux cartes avec ses amis, le garçon était assis auprès de lui. Il voyait son père boire de l'alcool. La mère gardait l'autre fils près d'elle. Elle lui racontait de belles histoires qui lui inculquaient des valeurs, et elle l'emmenait au temple. Pour finir, le fils qui accompagnait toujours son père a mal tourné. Il avait tous les défauts imaginables. En revanche, celui qui avait grandi avec sa mère ne parlait que de Dieu et ne chantait que des textes dédiés à Dieu. L'amour, la compassion et une réelle humilité ont grandi en lui. Comme le montre cet exemple, notre environnement influence fortement notre *samskara*[15].

---

[14] Le fait d'être en compagnie des êtres sages, saints et vertueux. Ce mot désigne aussi un discours prononcé par un sage ou un érudit sur le thème de la spiritualité.

[15] *Samskara* a deux sens : 1) la totalité des impressions laissées dans le mental par les expériences de cette vie ou des vies précédentes, qui influencent la vie d'un être humain, sa nature, ses actions, son état intérieur, etc. 2) L'éveil de

Grâce à la récitation du *sahasranama* et aux rituels dans le temple, nous éveillons le *samskara* divin en nous. Quand nous méditons et répétons un mantra avec concentration, l'énergie divine s'éveille en nous. Cela est également bénéfique pour l'atmosphère. Quand notre volonté est tendue vers un seul but, tout devient possible. Mais actuellement, personne ne croit plus à ce genre de choses. Il y a quelque temps de cela, quand le vaisseau spatial skylab était sur le point de retomber sur terre, les scientifiques ont demandé à tout le monde de prier pour qu'il tombe dans l'océan et non pas dans une zone habitée. Ils ont reconnu que la prière collective possédait un grand pouvoir. Quand les savants l'ont affirmé, tout le monde y a cru. Les grands sages de jadis nous ont révélé il y a bien longtemps la puissance du mental, la puissance des mantras, mais nous avons du mal à y croire. Nous voyons les scientifiques démentir leurs affirmations antérieures et pourtant, dès qu'ils font une telle déclaration, nous sommes prêts à les croire.

Quand nous récitons un mantra, nous essayons d'éveiller le Divin en nous. Lorsque nous faisons germer des graines, leur valeur nutritive et leur teneur en vitamines augmentent. Répéter un mantra est un processus similaire qui éveille l'énergie spirituelle latente en nous. En outre, les vibrations engendrées par la répétition du mantra purifient l'atmosphère. Il suffit de fermer les yeux pour prendre conscience de ce qui occupe notre esprit. En ce moment même, pendant que nous sommes assis ici, nous pensons à tout ce que nous avons à faire une fois rentrés chez nous. « Quel bus dois-je prendre ? Le bus sera-t-il bondé ? Vais-je pouvoir aller travailler demain ? Est-ce qu'Untel va me rendre l'argent que je lui ai prêté ? » Des centaines de pensées de cet ordre dansent dans notre tête. Il n'est pas possible en un instant

---

la compréhension juste (la connaissance) chez un être humain, qui conduit au raffinement de son caractère.

de tourner vers Dieu un mental aussi encombré. Cela requiert un effort constant. Répéter un mantra est un moyen aisé d'y parvenir. Essayez d'attraper un enfant et il va se sauver en courant. Si vous le poursuivez, il risque de tomber dans une mare ou dans un puits. En revanche, si on lui montre un jouet tout en l'appelant, il viendra de lui-même. Nous évitons ainsi le risque qu'il fasse une chute en courant. De même, répéter un mantra est une manière de plier le mental à notre volonté en prenant avantage de sa nature intrinsèque. De cent, nous pouvons réduire le nombre des pensées à dix en psalmodiant un mantra. Vous vous étonnerez peut-être : « N'allons-nous pas nous mettre à penser tout en répétant le mantra ? » Même si des pensées surgissent, elles n'ont pas tant d'importance. Les pensées sont comme des bébés : quand le bébé dort, il est facile pour la mère d'effectuer ses tâches domestiques ; mais une fois qu'il est réveillé et qu'il pleure, il lui est difficile de travailler. Ainsi, les pensées qui surviennent pendant que nous répétons le mantra ne constituent pas un vrai problème : elles ne nous dérangeront pas.

Mais, diront certains, un mantra n'est-il pas une pensée ? Certes, mais les quelques mots « Défense d'afficher ! » imprimés sur l'affiche évitent que le mur soit recouvert de publicités. Ainsi, à l'aide d'une seule pensée, représentée par le mantra, nous pouvons mettre fin au vagabondage du mental. En outre, réduire le nombre des pensées est bon pour la santé et prolonge la durée de notre vie.

Peu importe depuis combien d'années un article se trouve en magasin, la période de garantie commence au moment où nous l'achetons, parce qu'il n'a pas été utilisé auparavant. Ainsi, loin de s'affaiblir, un mental libre de pensées devient plus fort. Celui qui en est doté voit sa santé s'améliorer et il vit plus longtemps. En revanche, quand le nombre des pensées augmente, le mental s'affaiblit et la santé de la personne en souffre.

L'histoire rapporte que jadis, de nombreux ascètes se sont livrés à des austérités en restant debout sur une jambe ou même sur un clou pour garder le mental immobile. Il n'y a pas besoin de les imiter. Il suffit de répéter un mantra. Ces sages n'ont réalisé Dieu qu'après avoir appris toutes les Ecritures et pratiqué des austérités pendant un temps infini alors que les *gopis*[16] n'ont jamais étudié les Ecritures.

C'étaient des maîtresses de maison et des marchandes. Et pourtant, leur amour pour le Seigneur était si fort qu'il leur fut facile de réaliser Dieu. Surtout en ce *Kali yuga*[17] (l'âge noir du matérialisme), la répétition d'un mantra est essentielle.

Cependant, il ne suffit pas de psalmodier un mantra et de faire des pratiques spirituelles. On ne peut atteindre Dieu qu'en Lui abandonnant complètement son mental. Mais le mental, en soi, n'est pas un objet que l'on peut offrir. Il s'agit donc d'offrir ce à quoi il est le plus attaché. De nos jours, c'est à la richesse qu'il tient généralement le plus. Après son mariage, un homme se soucie plus de sa fortune que de sa femme et de ses enfants. Et le fils, quand sa vieille mère est sur son lit de mort, va faire tout son possible pour s'assurer que la part de la propriété familiale dont il hérite contient plus de cocotiers que celle de ses frères et sœurs. S'il reçoit un peu moins, il n'hésite pas à poignarder ses parents. A quoi tenons-nous donc le plus ? A l'argent ! Comme le mental est attaché à la richesse, offrir ses biens revient à offrir son mental. Dieu n'a pas besoin de notre argent. Mais par notre abandon à Dieu, notre cœur et notre esprit s'ouvrent et nous sommes alors aptes à recevoir la grâce de Dieu.

---

[16] Les bergères et les laitières de Vrindavan. C'étaient les dévotes les plus proches de Krishna, célèbres pour leur dévotion suprême.

[17] Il existe quatre *yugas* (âges). Le monde se trouve actuellement dans le *kali yuga*.

## Le service et la vie spirituelle

Beaucoup de gens s'interrogent : « Pourquoi Amma accorde-t-elle autant d'importance au service ? Les austérités (*tapas*) et les pratiques spirituelles ne sont elles pas plus importantes ? » Mes enfants, Amma n'a jamais dit que les austérités et les pratiques spirituelles n'étaient pas nécessaires. Il faut une forme de *tapas* ou une autre. Si une personne ordinaire a la puissance d'un poteau électrique, un ascète, lui, est pareil à un transformateur qui sert à beaucoup plus de monde. C'est grâce aux austérités que l'on obtient la force de servir. Mais il ne s'agit pas d'une voie que l'on peut commencer à suivre quand on a dépassé la soixantaine et qu'il ne reste que peu de santé et de vitalité. C'est quand on est en bonne santé et plein d'énergie qu'il faut accomplir des austérités. Inutile pour cela de quitter son foyer et de se rendre dans l'Himalaya. Il faut pratiquer des austérités ici même, au sein de la société. Seuls ceux qui consacrent l'énergie obtenue par leurs austérités au service du monde méritent le qualificatif de « spirituel ». La spiritualité exige que vous deveniez comme un bâton d'encens qui offre son parfum aux autres tandis qu'il se consume.

Celui qui abandonne son foyer et ses biens pour aller pratiquer des austérités dans une grotte est pareil à un lac situé au cœur d'une épaisse forêt. Son eau n'est utile à personne. Et qui profite de la beauté et du parfum des lotus qui y fleurissent ?

Il est vrai que jadis, les gens partaient se livrer à des austérités dans l'Himalaya. Mais ils le faisaient après avoir mené avec désintéressement la vie d'un chef de famille, ce qui leur avait permis de mûrir, de purifier leur mental, et c'est seulement ensuite qu'ils renonçaient à tous les biens matériels. A l'époque, l'atmosphère était propice aux austérités et les gens avaient conscience du *dharma*. Les souverains étaient honnêtes et les chefs de familles avaient comme but la réalisation du Soi.

De nos jours, les gens sont égoïstes. Les chefs de famille sont simplement des pères ou des mères de famille. Ce ne sont pas des *grihasthashramis*[18]

Ils ignorent même ce que signifie le service désintéressé. Il est donc important que les chercheurs spirituels qui se sont purifiés et enrichis intérieurement en faisant des austérités (*tapas*) et des pratiques spirituelles donnent l'exemple au monde et se consacrent au service désintéressé. Seuls de tels êtres ont la capacité de servir le monde d'une manière réellement altruiste.

Le service désintéressé est une pratique qui mène à la réalisation du Soi. C'est la véritable adoration du Seigneur. Quand nous abandonnons notre égoïsme, la voie qui mène au Soi s'ouvre devant nous. Les gens ne peuvent toutefois assimiler ce principe que quand ils ont comme modèle des chercheurs spirituels sincères qui se consacrent entièrement au service du monde. Pour élever le niveau de conscience des gens, il faut se mettre à leur niveau. Il faut se mettre au diapason de son époque. Amma se rappelle une histoire à ce propos.

Un *sannyasi* (moine) est arrivé dans un village où les gens se sont moqués de lui. Il possédait des pouvoirs occultes (*siddhis*) mais il manquait de patience. Quand les villageois l'ont tourné en ridicule, il s'est mis en colère. Il a pris de la cendre, il a chanté quelques mantras et a jeté la cendre dans le puits du village en prononçant la malédiction suivante : tous ceux qui boiraient l'eau de ce puits deviendraient fous. Tous les villageois sont donc devenus fous. Il y avait deux puits dans le village : un pour les villageois et un autre pour le roi et son ministre, qui ne furent donc pas affectés par la malédiction. Les villageois se mirent à émettre des paroles incohérentes, à danser et à faire beaucoup de bruit.

---

[18] Un *grihasthashrami* est quelqu'un qui se consacre à une vie spirituelle tout en assumant les responsabilités d'un père ou d'une mère de famille. Cette étape est considérée comme la seconde des quatre étapes de la vie.

Surpris, ils remarquèrent que le roi et son ministre ne se comportaient pas comme eux. « Ces deux là ont beaucoup changé, » disaient-ils. D'après eux, c'étaient le roi et le ministre qui étaient fous ! Et ils en vinrent à les déclarer officiellement fous. Que faire, quand ceux qui sont chargés de gouverner le pays sont fous ? Les villageois ont décidé de les enchaîner. Au milieu de l'agitation et du tumulte, le roi et le ministre réussirent à s'échapper. Tandis que la foule les poursuivait, ils se dirent : « Les villageois sont devenus fous. Si nous leur paraissons différents, ils ne nous épargneront pas. Si nous voulons survivre et les aider à sortir de la situation où ils se trouvent, il n'y a qu'une chose à faire : se comporter comme eux, parce qu'il faut faire semblant d'être un voleur pour attraper les voleurs. » Le roi et le ministre ont donc imité la foule : ils dansaient et émettaient des bruits étranges. Alors, satisfait, le peuple a remercié Dieu d'avoir guéri le roi et le ministre de leur folie.

Mes enfants, les chercheurs spirituels sont pareils au roi et au ministre de l'histoire. Aux yeux des gens ordinaires, ils sont fous, mais en réalité, ce sont ceux qui n'ont aucun intérêt pour la spiritualité qui sont dérangés. Les chercheurs spirituels doivent se mettre à la portée de ceux qui vivent dans un monde uniquement matériel pour les aider à développer leurs qualités et les guider sur le droit chemin. Pour cela, il leur faudra peut-être vivre dans le monde et faire bien des choses. Les gens n'ont pas conscience de leur nature réelle. Sont-ils prêts à se mettre en quête pour la découvrir ?

Imaginez par exemple qu'il se produise soudain dans un pays la chose suivante : tout ce qui existe voit sa taille réduite de moitié. Ce qui mesurait deux cents mètres de long n'en fait plus que cent. Les individus qui mesuraient un mètre quatre-vingts font maintenant quatre-vingt-dix centimètres. Un homme, un seul, est épargné. Il garde sa taille normale. Mais aux yeux des autres, il est maintenant difforme ! Lui seul sait ce qui s'est produit. Mais qui veut l'entendre ? Les autres habitants ignorent que le « géant » d'un mètre quatre-vingts a en réalité une taille normale et que ce sont eux qui ont changé.

Mes enfants, la spiritualité est le moyen de découvrir notre nature réelle. Les chercheurs spirituels ont conscience de leur vraie nature et ils essaient de réaliser leur vrai Soi. Si les autres les méprisent et les traitent de fous, c'est parce qu'ils sont plongés dans l'illusion du monde extérieur. Voilà la différence entre les aspirants spirituels et les autres.

## Le démon du soupçon

Amma souhaite aussi aborder les problèmes qui surgissent actuellement au sein des familles. Le soupçon est à l'origine de la plupart des disputes familiales et il engendre de nombreuses séparations. Nombre de femmes ont versé des rivières de larmes à cause de cela ! Une femme que son mari avait abandonnée sur la foi de simples soupçons est venue ici récemment. Elle était sur le point de se suicider avec ses trois enfants quand quelqu'un lui a parlé de la Mère de Vallickavou (Amma, ndt) et lui a dit qu'elle retrouverait la paix intérieure en allant la voir. Elle s'est donc précipitée chez Amma. Amma a rencontré bien des femmes dans le même cas. Le mari ne donne pas un sou à sa famille alors que la mère trime jour et nuit pour subvenir aux dépenses du foyer et nourrir les enfants. Tout ce qu'elle reçoit en contrepartie, ce sont les coups que lui donne son mari quand il rentre le soir, ivre. C'est ainsi que vivent d'innombrables familles alentour, dans la souffrance et les larmes. Il arrive que le mari chasse sa femme de la maison parce qu'il a un doute sur sa conduite. Où pourrait-elle aller la nuit, avec ses enfants ? La situation actuelle en ce pays fait qu'il n'est pas sûr pour une femme de marcher dans les rues après le crépuscule. On risque de retrouver son corps le lendemain matin sur le bord de la route ou bien alors, son avenir pourrait être complètement ruiné. Voilà jusqu'où nous sommes tombés. Les fils d'Amma ne doivent pas se fâcher en entendant ces paroles. Amma dit cela aussi dans l'intérêt de vos filles.

Les parents donnent leur fille en mariage à quelqu'un qui travaille dans le Golfe Persique. N'importe qui peut écrire un faux témoignage et la pauvre fille est chassée de la maison. Dès le lendemain, elle est obligée de repartir chez ses parents où elle se retrouve comme une orpheline. Aux yeux des voisins, qui ignorent ce qui s'est réellement passé, c'est elle la fautive. Quel sera l'avenir de son enfant ? Mes enfants, qui réfléchit à de tels sujets ? Une famille entière est détruite simplement parce que les gens croient aveuglément les accusations d'un tiers. C'est ainsi qu'une jeune femme passe sa vie dans les larmes.

Amma songe à créer une fondation pour aider les femmes qui se retrouvent ainsi abandonnées. Pour cela, il faut que des femmes intelligentes et très patientes se portent volontaires. Nous pourrons alors sauver des milliers de familles. Il se peut que cette action d'Amma soulève des critiques. Qu'il en soit ainsi. Amma ne s'en inquiète pas, elle accepte les critiques comme son pain quotidien.

Amma se rappelle l'histoire d'un homme qui avait constaté chez lui la disparition de quelques objets. Il avait un ami proche et il s'est dit : « C'est sans doute lui qui me les a volés ! C'est vrai qu'il semble un peu nerveux en ce moment quand il me voit. L'expression de son visage indique bien que c'est un voleur. Et sa démarche ! Il a toutes les caractéristiques d'un voleur. C'est sûr, c'est lui qui m'a volé ! » C'est ainsi qu'à ses yeux, son meilleur ami est devenu le pire des voleurs. Il a oublié l'affection que son ami lui avait toujours témoignée et ne l'a plus considéré que comme un voleur et un ennemi. Tout cela n'était pourtant qu'une création mentale. Telle est la nature du soupçon. Une fois qu'il s'empare de vous, il vous transforme totalement.

De nombreux couples qui décident de se séparer sur la base de simples soupçons découvriraient, s'ils se parlaient à cœur ouvert, que ceux-ci ne sont pas fondés. Le problème disparaîtrait comme un oignon que l'on pèle : il n'en resterait plus rien. Par la grâce de Dieu, Amma a été l'instrument qui a permis à de nombreuses familles de retrouver leur unité, ce qui a sauvé l'avenir de leurs enfants.

Au lieu de gaspiller votre argent, faites des dons aux œuvres charitables

Amma ne peut s'empêcher de penser au tremblement de terre qui s'est produit récemment. Il est inutile d'en parler maintenant. Ce qu'il faut, c'est soulager la souffrance des survivants. Pour cela, l'ashram veut donner quatre ou cinq cent mille roupies. Les dévots devraient y contribuer dans la mesure de leurs moyens. Dans la vie d'un chef de famille, la charité est essentielle.

Amma se rappelle une histoire à ce propos. Un homme décide de faire de la politique. Mais un ami lui dit :

« Ne te mêle pas de politique parce que tu devras donner tout ce que tu as.

- Pas de problème, je le ferai.

- Si tu as deux voitures, il faudra que tu en donnes une.

- Cela n'est vraiment pas un problème !

- Si tu as deux maisons, il faudra que tu en cèdes une.

- Je le ferai, c'est certain.

- Et si tu as deux vaches, il faudra que tu en donnes une à quelqu'un qui n'en a pas.

- Oh non ! C'est impossible !

- Pourquoi pas ? Donner ta voiture ou ta maison ne constitue pas un problème. Alors pourquoi hésites-tu à donner une vache ?

- C'est que je ne possède qu'une seule voiture et une seule maison, mais que j'ai bien deux vaches ! »

Mes chers enfants, voilà la générosité des gens aujourd'hui. Ils sont tout à fait prêts à donner ce qu'ils ne possèdent pas, mais ils ne veulent pas se séparer de leurs biens ! Mes enfants, notre générosité ne devrait pas être de ce type. Aider quelqu'un – même si cela nous rend la vie un peu difficile - c'est la meilleure manière d'adorer Dieu. Les sommes excessives que nous dépensons en nourriture ou en vêtements pourraient aider un grand nombre de gens. Songez à tout l'argent que nous gaspillons actuellement.

De nos jours, beaucoup de gens pensent que fumer est un signe de force, de virilité. D'autres considèrent cela comme un signe d'intelligence. En réalité, cela indique une déficience mentale ! Les êtres vraiment intelligents sont ceux qui aiment les autres autant qu'eux-mêmes. Il est écrit sur le paquet de cigarettes que fumer est dangereux pour la santé. Doit-on qualifier ceux qui fument en dépit de cet avertissement d'intelligents ou d'idiots ? L'argent que les fumeurs dépensent chaque mois suffirait à éliminer la pauvreté en Inde.

Mes enfants, la population mondiale a augmenté d'un milliard en quinze ans. Des millions d'enfants naissent chaque année en Inde. Si cela continue, quelle sera la situation dans dix ans ? A mesure que la population augmente, les valeurs humaines régressent au lieu de se développer. Si nous ne faisons pas attention à chaque pas, l'avenir sera sombre. Il ne faut donc pas qu'il y ait plus de deux enfants par famille. Ceux qui n'ont pas d'enfants devraient se charger d'élever quelques enfants issus de familles nombreuses et pauvres. Essayez d'inculquer aux enfants de bons *samskaras*. Contribuer au maintien du *dharma*, tel devrait être le fil conducteur de toute notre vie. La vraie spiritualité, c'est de consacrer sa vie à la protection du *dharma*. Mes enfants, essayez de façonner votre mental dans ce but.

Amma ne veut pas vous ennuyer avec plus de paroles. Mes enfants, fermez les yeux et priez pour la paix dans le monde. Priez sincèrement pour que Dieu vous accorde le cœur plein d'abnégation d'une mère. Versez quelques larmes aux pieds du Seigneur.

Asseyez-vous le dos bien droit et méditez pendant deux minutes.

Imaginez que vous voyez une lumière vive, de la taille d'une tête d'épingle. Puis visualisez cette lumière qui s'élargit pour former un cercle, et finit par vous engloutir complètement. Dans votre cœur, appelez la Mère divine comme un petit enfant qui pleure : « Amma ! Amma ![19] » Que votre cœur fonde d'amour pendant que vous priez, qu'il soit rempli d'innocence. Quand une fleur est encore en bouton, on ne peut en apprécier ni la beauté ni le parfum. Il faut d'abord qu'elle s'épanouisse ! Ouvrez la fleur de votre cœur afin qu'elle s'épanouisse ! Vous pourrez alors vous fondre en Dieu. Comme un enfant prend un caillou et imagine que c'est le monde entier, visualisez la Mère divine en vous et priez avec innocence. Oubliez tout et appelez : « Mère ! Mère ![19] » Priez, le cœur débordant d'amour : « Mère, accorde-moi la faveur de faire de bonnes actions, remplis mon cœur de compassion, ouvre mon cœur à tout et à tous ! »

---

[19] Selon Amma, l'Être suprême est à la fois notre Père et notre Mère, dieu et déesse, et dans l'absolu, cet Être transcende les genres.

*Amma chantant des bhajans le jour de son anniversaire*

# Seul le moment présent est réel

*Message d'anniversaire d'Amma, 1994*

Salutation à tous les enfants de l'immortalité qui sont en vérité les incarnations de l'amour et du Soi suprême.

Mes enfants, vous êtes tous venus pour célébrer l'anniversaire d'Amma. Mais Amma ne trouve rien de spécial à ce jour, rien qui le rende différent des autres. Le ciel ne connaît pas de journée particulière. Il demeure le témoin immuable des jours et des nuits. Avant la construction de ce bâtiment, le ciel était là, il y est encore et il y sera quand le bâtiment aura été détruit. Le ciel ne change pas. Tout existe en lui, dans l'espace, et personne ne peut rendre cet espace impur. Ce n'est pas du ciel au-dessus de nous qu'il s'agit, mais du Soi omniprésent.

Si vous vous demandez pourquoi Amma est venue aujourd'hui pour la *pada puja* (cérémonie qui consiste à laver les pieds du maître), la réponse, c'est qu'Amma est venue pour votre bonheur, non pour le sien. Lorsque nous fêtons l'anniversaire de notre naissance, nous devrions aussi penser à la mort, parce que la naissance implique la mort. Nous avons tendance à l'oublier. Celui qui naît ne peut absolument pas éviter la mort car elle le suit comme une ombre. Mais beaucoup d'entre nous ont peur de songer seulement à la mort.

Amma se rappelle une histoire. Un brahmane vint un jour trouver le roi Youdhistira[20] pour lui demander de quoi couvrir les dépenses du mariage de sa fille. Comme le roi était très occupé, il lui demanda de revenir le lendemain. Bhima, le frère du roi, assistait à la scène.

---

[20] L'aîné des cinq frères Pandavas, les héros de l'épopée du Mahabharata. C'était un roi renommé pour la perfection de sa vertu et de sa piété.

Alors il dit à tous ceux qui se trouvaient dans le palais : « Soufflez dans la conque ! Battez le tambour ! Que tous les instruments jouent de joyeuses mélodies ! Exultez ! » Voilà que le palais résonnait de tous ces bruits de fête. Youddhisthira, très surpris, s'enquit de ce qui se passait : « Normalement, c'est seulement quand le roi rentre victorieux d'une bataille, après avoir conquis un royaume ennemi, que l'on célèbre de telles réjouissances. Il n'est rien arrivé de tel, alors pourquoi tout ce bruit ? » « C'est Bhima qui nous a demandé de jouer cette musique ! » lui fut-il répondu. Le roi fit donc aussitôt appeler Bhima pour qu'il s'explique.

- « C'est pour exprimer la joie que nous ressentons tous, dit Bhima.

- Quelle est donc la raison de votre joie ?

- Eh bien vois-tu, j'ai appris aujourd'hui que mon frère avait vaincu la mort ! Alors c'est notre façon de célébrer cette victoire. »

Youddhishtira regarda Bhima d'un air à la fois perplexe et consterné. Ce dernier expliqua : « Je t'ai entendu dire à ce brahmane de se présenter demain pour recevoir son cadeau. Rien ne garantit que nous serons vivants demain et pourtant, c'est avec confiance que tu lui as demandé de revenir. N'est-il donc pas vrai que tu as le pouvoir d'éloigner la mort ? »

C'est alors seulement que Youddhistira comprit son erreur. Il avait oublié que la mort est omniprésente et qu'il ne faut jamais rien remettre au lendemain. Chaque fois que nous expirons, il n'y a aucune assurance que nous inspirerons de nouveau. La mort accompagne chacune de nos respirations.

Seul celui qui a compris ce qu'est vraiment la mort peut construire une vie fondée sur la réalité, parce qu'un jour ou l'autre, la mort emportera ce corps que nous prenons pour notre vrai « moi » ; elle emportera notre fortune, nos enfants et nos proches. Si nous nous rappelons qu'en vérité, la mort est constamment avec nous, que nous en ayons peur ou non, nous pouvons orienter notre vie dans la bonne direction et atteindre un état de conscience qui transcende la naissance et la mort. C'est en comprenant la mort que nous comprenons la vie. Chacun s'efforce de trouver le bonheur parfait, mais en vain. La raison de cet échec, c'est que tout ce que nous obtenons aujourd'hui, nous le perdrons demain, et ces pertes successives nous causent des chagrins sans fin. Mais lorsque nous prenons conscience de la nature périssable des objets de ce monde, leur perte ne nous affaiblit pas, elle nous incite au contraire à faire tous les efforts possibles pour atteindre un état qui transcende pertes et gains. Dès maintenant, faisons tout pour y parvenir, car il n'y a aucune garantie que nous soyons encore là dans un instant.

Ne pas utiliser le moment présent, c'est faire une grande perte. Si vous voulez méditer, faites-le maintenant. Si une tâche doit être accomplie aujourd'hui, commencez-la à l'instant, sans la remettre à plus tard. Voilà l'état d'esprit qu'il nous faut, la détermination qui doit s'ancrer en nous. Que nous songions ou non à la mort, nous sommes en train de tuer chaque cellule de notre corps en dirigeant toutes nos pensées vers un bonheur extérieur. Le mode de vie que nous avons adopté nous empoisonne et pourtant, inconscients qu'il s'agit d'un poison, nous tendons les deux mains pour le recevoir.

Dans tous les pays, hommes politiques et savants s'efforcent de rendre la vie plus confortable. Dans ce but, ils ont développé au maximum leurs capacités intellectuelles. Le progrès du monde extérieur est parvenu à son apogée. Mais le bonheur parfait, le contentement, règnent-ils pour autant ? Non. Le monde intérieur dépérit. Nous avons l'air conditionné dans les maisons, les voitures et les avions, mais en vérité, notre sommeil peut-il être tranquille si nous n'avons pas la paix intérieure ? Et peut-on se nourrir de manière saine quand la paix intérieure manque ?

## Vivez dans la connaissance de la vérité

La qualité de la vie ne dépend pas seulement du corps, des objets et des plaisirs extérieurs. Le vrai bonheur dépend du mental. Posséder la maîtrise du mental, c'est avoir tout à sa portée. La véritable connaissance, c'est celle qui nous apprend à contrôler le mental, c'est-à-dire la connaissance spirituelle. C'est elle qu'il faut d'abord acquérir si nous voulons employer les autres correctement. Autrefois, les familles comprenaient parfois jusqu'à trente ou cinquante membres, qui vivaient ensemble dans l'amour, l'unité et l'acceptation mutuelle ! Il régnait entre eux une atmosphère d'amour et de paix. C'est leur compréhension des principes spirituels qui rendait cela possible. Ils comprenaient la vie, ils en connaissaient le but véritable. La spiritualité était le fondement de leur vie. Mais de nos jours, cette façon de vivre n'est plus qu'un mythe. Si une famille est constituée de trois membres, ils vivent comme si chacun d'entre eux se trouvait sur une île. Chacun fait comme il l'entend ; il n'y a plus de sentiment d'unité. Grâce à la compréhension de la spiritualité, nous pouvons transformer cette situation, au moins dans notre famille.

La spiritualité est le principe qui rapproche les cœurs. Un bon nageur prend plaisir à nager dans les vagues de l'océan, chaque vague le ravit. Mais celui qui ne sait pas nager peut très bien être emporté par la force des vagues.

De même, celui qui connaît la spiritualité affronte les obstacles avec le sourire.

La spiritualité est le principe qui nous permet de sourire quelle que soit la situation, quelles que soient les crises que nous traversons. Ceux qui ne sont pas familiers avec ce principe s'effondrent devant le plus petit obstacle. Si un énorme pétard éclate près de nous alors que nous ne nous y attendons pas, nous allons sursauter. Si nous sommes prévenus, il n'y aura pas de choc. Lorsque des circonstances adverses surviennent, nous ne chancelons pas si nous restons présents et conscients.

D'après certains, la spiritualité n'est que foi aveugle. La spiritualité est pourtant l'idéal qui fait disparaître les ténèbres. Bien des gens induisent les jeunes en erreur au lieu de leur exposer les principes spirituels authentiques. Après tout, déclarent certains, ce n'est pas la religion qui nourrit les affamés. C'est vrai, mais Amma voudrait leur poser une question. Pourquoi tant de gens qui font des festins somptueux, dorment dans des pièces climatisées et possèdent yachts et avions, se suicident-il ? Pourquoi avalent-ils du poison, se tirent-ils une balle dans la tête, se jettent-ils sous un train ou encore finissent-ils par se pendre ? Cela ne démontre-t-il pas qu'il existe quelque chose au-delà du bonheur que nous procurent une nourriture délicieuse, une vie passée dans le luxe ? La vérité qui nous apporte la paix, c'est le chemin spirituel ; c'est donc ce à quoi nous devons aspirer tout le long de notre vie.

Mes enfants, acquérir des maisons et des richesses, obtenir le pouvoir et le prestige, cela revient à collectionner des peignes pour un chauve ! Cela ne signifie pas qu'il faut rester les bras croisés, sans rien faire. Comprenez simplement ce principe et effectuez chacune de vos actions avec détachement.

Mes enfants, nous sommes tous différentes formes du même Soi, le même bonbon enveloppé dans des papiers de couleurs différentes. Le bonbon dans le papier vert dit à celui dans le papier rouge : « Toi et moi, nous sommes séparés ! » Le rouge dit au bleu : « Je suis moi et tu es toi, nous sommes différents. » Mais si nous ôtons les papiers, tous les bonbons sont identiques. Le même sentiment existe entre nous. Sans reconnaître qu'en réalité, nous ne sommes pas différents, pas séparés les uns des autres, nous ajoutons foi à l'illusion de la forme extérieure – et voyez les problèmes que cela engendre ! Pourquoi ne reconnaissons-nous pas notre unité ? Parce que nous avons perdu notre cœur d'enfant. En conséquence, nous ignorons l'essence de notre véritable Soi (*Atman*). Nous sommes incapables de savourer la béatitude de *Brahman*.

Quand Amma parle d'un cœur d'enfant, elle parle d'un cœur capable de discerner. Vous direz peut-être : « Mais les enfants n'ont aucun discernement. » Ce qu'il faut entendre en réalité ici, c'est la foi et l'imagination de l'enfant. Pour un petit garçon, une pierre peut devenir un trône magnifiquement décoré et le voilà qui pose devant le trône, un bâton à la main, tel un roi tenant son épée. Et dans son esprit, il est vraiment devenu roi. Ses paroles, son maintien, sont ceux d'un roi. Il ne pense pas qu'il est assis sur une pierre et qu'il ne tient qu'un bâton. Pour lui, l'épée qu'il brandit est bien réelle.

Nous avons perdu cette puissance d'imagination, cette foi, cette innocence. Nous sommes plutôt devenus des personnifications de la jalousie et de la mauvaise volonté. Un aspirant spirituel doit être doté d'un cœur innocent et d'un intellect capable de discernement. C'est à ce prix que l'on peut goûter la béatitude. Un tel être ignore le chagrin et la déception.

Mes chers enfants, si vous désirez connaître la paix intérieure, sachez bien que c'est impossible sans l'innocence du cœur. Dieu ne peut demeurer que dans un cœur innocent.

### Une vie pleine d'incertitudes

Les oiseaux se perchent sur de menues branches pour manger et dormir. Mais ils savent qu'au moindre coup de vent, le rameau risque de se briser. Ils sont donc toujours vigilants, prêts à s'envoler. Les objets de ce monde sont pareils à ces brindilles : nous pouvons les perdre à tout instant. Pour ne pas être submergés par le chagrin quand cela se produit, accrochons-nous fermement au Principe suprême. Quand la maison brûle, personne ne dit : « Nous éteindrons le feu demain. » Nous réagissons immédiatement. Si notre vie est aujourd'hui pleine de souffrance, au lieu de ruminer, de nous ruiner la santé et de perdre du temps, essayons de trouver une solution.

Mes enfants, ce que nous possédons aujourd'hui, nous ne l'aurons pas éternellement. Notre maison, nos biens, notre propriété, rien de tout cela ne nous accompagnera pour l'éternité. L'Être suprême, seul, est notre compagnon éternel. Il ne s'agit pas de tout quitter ni d'éprouver de l'aversion envers quiconque. Amma veut simplement vous faire comprendre que rien n'est permanent. La seule manière de trouver la paix, c'est de mener une vie de détachement.

Nous naviguons en mer dans un minuscule canot. Soudain, le ciel s'assombrit et les signes d'une tempête apparaissent : il commence à pleuvoir des cordes, les vagues sont énormes, la mer est démontée. Que faire ? Sans perdre un instant, nous cherchons à rejoindre la côte. Mes enfants, nous sommes dans une situation semblable. Nous n'avons pas une seule seconde à perdre. Ramons sans tarder vers l'Être suprême, notre unique refuge. Méditons constamment sur l'Être suprême. C'est la seule manière d'éliminer la souffrance.

Mes enfants, vous travaillez dur par intérêt personnel, mais n'oubliez pas de regarder autour de vous. Songez aux pluies torrentielles que nous avons eues les mois passés. Il y a des milliers de gens autour de nous qui n'ont pas pu dormir pendant des nuits entières car leur toit laissait passer la pluie et ils craignaient que leur hutte ne s'effondre. Lorsque vous levez votre verre rempli d'alcool, pensez à eux. Avec l'argent que nous gaspillons tous les mois, nous pourrions refaire leur toit et ils pourraient alors dormir au sec, confortablement. Il y a tant d'enfants pauvres qui sont obligés d'arrêter l'école faute d'argent alors qu'ils sont les meilleurs de leur classe, et qui deviennent ensuite des enfants des rues. Quand vous mettez des vêtements luxueux, imaginez le visage de ces enfants innocents.

Mes enfants, Amma ne force personne. Elle n'oublie pas la souffrance du monde, c'est tout. Amma est sûre d'une chose : si ses enfants le veulent vraiment, ils peuvent changer la situation actuelle. Mes enfants, cela seul constitue la véritable adoration de Dieu ! C'est ce qu'Amma attend de vous.

# Je suis l'Amour, je suis l'incarnation de l'Amour

*Le message d'anniversaire d'Amma 1995*

Mes enfants, l'humilité et la patience sont le fondement de tout. Il est nécessaire de cultiver ces qualités. Leur absence est la cause des conflits qui, de nos jours, surgissent au sein de la société.

Le monde d'aujourd'hui est devenu un champ de bataille. Il n'y a plus ni familles ni amis ni êtres chers, il n'y a que des ennemis qui cherchent à se détruire. Tantôt ils s'unissent pour lutter contre leurs adversaires, tantôt ils se séparent et se battent entre eux. C'est ce que nous observons la plupart du temps. Les gens rivalisent d'égoïsme et d'arrogance et leurs actions sont devenues imprévisibles. Donc, mes enfants, efforcez-vous de cultiver la patience, l'amour et la confiance mutuels.

Mes enfants, l'attachement que nous éprouvons pour nos proches constitue en réalité une servitude dont nous n'avons pas conscience. Il ne s'agit pas de renoncer à toutes nos relations, mais quand nous nous attachons à un objet ou à une personne, il faut être bien conscient de la place que nous lui accordons dans notre vie. L'amour réel ne peut grandir que si la relation repose sur une compréhension mutuelle. Que nous soyons attachés à un objet ou à une personne, cet attachement ne devrait pas grandir ou s'affaiblir selon les circonstances. Les gens affirment : « Je t'aime » mais ces mots-là ne sont pas justes. « Je suis amour, je suis l'incarnation de l'amour », c'est cela, la vérité. Quand nous déclarons : « Je t'aime », il y a un « moi » et un « toi ». Et l'amour se retrouve écrasé entre les deux. Ce que nous répandons autour de nous, ce devrait être de l'amour, rien que de l'amour. L'amour ne devrait pas fluctuer selon les circonstances. Apprenons à être des incarnations de l'amour car ensuite, nous ne ferons jamais de mal aux autres, nous ne leur apporterons que des bienfaits. Voilà le principe dont il faut prendre conscience. Chacun de nous ressemble à un oiseau enfermé dans une cage dorée, le bout des ailes coupé ; chacun est emprisonné dans la cage de son mental. Nous sommes ligotés par les chaînes de la réputation, de la gloire, du statut social et de la fortune, des chaînes recouvertes de fleurs magnifiques. La question ici, ce n'est pas la liberté, mais bien de savoir comment briser nos liens. Pour y parvenir, il faut d'abord voir les chaînes cachées sous les fleurs et les décorations superficielles. Si nous examinons les choses de plus près, nous découvrirons ces liens sous les fleurs qui les dissimulent. Il s'agit de percevoir notre prison comme une prison et non comme notre foyer. Quand nous en serons capables, notre esprit s'élancera avec ardeur vers la liberté. C'est la seule manière d'atteindre notre but.

## Deux plus deux égal…

De nos jours, dans les familles, le mari déclare que deux et deux font quatre tandis que pour la femme, deux et deux ne font pas seulement quatre, cela peut faire n'importe quoi ! L'homme vit dans l'intellect tandis que la femme vit dans le cœur. Les femmes parmi les enfants d'Amma ne doivent pas se fâcher en entendant cela. Le féminin est présent chez les hommes et le masculin chez les femmes. En général, les hommes sont fermes dans leurs décisions et ne cèdent pas devant les circonstances. On peut souvent prédire la conduite d'un homme face à une situation donnée d'après son comportement dans le passé. Mais une femme est différente, sa nature est plus faible, elle cède aux circonstances. Elle a le cœur compatissant. Cette compassion inhérente à sa nature est la cause principale de sa souffrance. Il est impossible de prédire comment une femme va réagir à une situation donnée.

Pour le voyage de la vie, nous sommes équipés du cœur et de l'intellect, qui nous montrent des directions presque opposées.

C'est pourquoi la paix et l'harmonie font souvent défaut dans la vie de famille. La spiritualité est le membre de la famille qui rétablit l'harmonie, qui met le cœur et le mental à l'unisson et les relie. Notre vie ne devient la vraie vie que quand nous accordons à la spiritualité la place qui lui revient. L'intellect ne descend généralement pas au niveau du cœur qui, lui, ne s'élève pas jusqu'à l'intellect. Voilà comment la vie de famille se déroule actuellement.

Beaucoup de femmes viennent se plaindre à Amma : « Amma, je dis à mon mari tout ce que j'ai sur le cœur. Il émet un grognement pour montrer qu'il m'a entendue mais il ne me répond jamais. Je ne crois donc pas qu'il m'aime. » Alors Amma demande au mari : « Mon fils, qu'est-ce que j'entends ? Est-ce que tu n'aimes pas ma fille ? » Et il répond : « Amma, ce n'est pas ça, je l'aime vraiment ! » Mes enfants, cet amour est comme du miel caché à l'intérieur d'une pierre. Personne ne peut le savourer. Pour en goûter la douceur, il faut extraire ce miel et l'offrir dans notre paume. Ainsi, il n'est pas bon de garder l'amour caché au fond de soi. Il est nécessaire de le manifester au moment opportun. L'épouse ne retire aucune joie de l'amour qui reste caché dans le cœur de son mari. Mes enfants, comme aucun de vous ne peut lire dans le cœur de son conjoint, il ne suffit pas de garder son amour caché à l'intérieur. Cet amour doit *s'exprimer* en paroles et en actes. Amma vous donne ce conseil pour que la paix et l'harmonie règnent dans les familles. Si vous n'exprimez pas votre amour, cela revient à placer un bloc de glace dans les mains d'une personne tourmentée par la soif : la glace ne pourra pas étancher sa soif. Alors mes enfants, mettez-vous toujours à la portée de l'autre et aimez-vous d'un cœur ouvert. Comprenez vos sentiments mutuels.

Amma se rappelle l'histoire d'une femme qui aimait beaucoup les animaux. Elle va un jour avec son mari dans un magasin qui vend des animaux domestiques. Là, elle remarque un singe qu'elle aurait bien voulu acheter, mais son mari s'y oppose catégoriquement. Ils rentrent chez eux mais elle n'oublie pas le singe et un jour, en l'absence de son mari, elle va l'acheter. Quand le mari rentre chez lui, il voit le singe attaché à un piquet. « Mais qu'est-ce que tu as fait ? » lui demande-t-il.

- Je n'ai pas pu m'en empêcher, je suis allée l'acheter !
- Mais comment vas-tu le nourrir ?
- Je lui donnerai un peu de notre nourriture.
- Et où dormira-t-il ?
- Sur notre lit
- Oh, mais ça va sentir très mauvais !
- Et alors ? Si j'ai pu supporter cette odeur pendant vingt ans, le pauvre animal pourra certainement en faire autant ! »

Quel est le sens de cette histoire ? L'amour que nous rencontrons dans le monde n'est que superficiel. De nos jours, il est rare que l'amour soit fondé sur une compréhension mutuelle. Les cœurs ne se comprennent pas. L'époux ne connaît pas le cœur de l'épouse et vice-versa. Personne n'est prêt à faire de compromis. Ainsi va la vie. Comment la paix pourrait-elle régner ? La spiritualité nous permet d'évoluer, si bien que nous sommes prêts à comprendre l'autre et à faire des compromis. La cause de tous les échecs est le manque de concessions mutuelles.

Le premier amour réel que nous recevons est celui de notre mère. Il n'y a aucune impureté dans l'amour qu'une mère éprouve pour son bébé. Cet amour-là n'est pas fondé sur des attentes. L'amour maternel est essentiel à la croissance du bébé. Même si l'Occident passe pour la patrie des intellectuels, on y trouve beaucoup de malades mentaux. La cause, c'est le manque d'amour maternel. Une voiture sans batterie ne peut pas démarrer, même si le réservoir est plein. L'amour que nous recevons de celle qui nous a mis au monde est le fondement de notre vie.

« Mais, direz-vous, l'amour que nous recevons d'autres personnes n'est-il pas aussi de l'amour ? » Certes, c'est aussi de l'amour, mais il est toujours doublé d'une attente. Si la femme commet une faute, son mari la quitte. Si le mari fait une erreur, sa femme le quitte. Cette sorte d'amour s'évanouit à la moindre faute commise. Il relève de la nature du mental animal.

Nous aimons la vache pour son lait, mais quand elle n'en donne plus, nous ne la gardons que quelques jours avant de la vendre au boucher. Voilà à quoi ressemble l'amour dans le monde. Amma ne peut considérer un tel amour comme authentique. La spiritualité est ce qui permet de passer du niveau de l'animal à celui du divin. Les époux peuvent se séparer mais une mère n'acceptera jamais d'abandonner son enfant. C'est vrai au moins dans quatre-vingt-dix pour cent des cas. C'est l'amour de la mère qui permet à l'enfant de recevoir de l'amour et d'en donner. Rappelez-vous bien, mes enfants, que si l'amour d'une mère pour son enfant disparaît, cela peut entraîner sa chute et celle de tout le pays.

## Apprenez le langage du cœur

Notre monde est régi par la raison et l'intellect. Les gens ont oublié le langage du cœur, ce langage qui exprime l'amour, la confiance et le respect de l'autre, a disparu.

Une femme poète montre un jour à son mari, un scientifique, un poème qu'elle vient d'écrire. Sur ses instances, il lit ce poème, qui décrit un enfant : « Le visage de l'enfant est beau comme la lune, ses yeux ont la forme des pétales de lotus… » Chaque vers du poème inclut de telles images. Une fois qu'il l'a lu, elle attend avec impatience qu'il exprime son opinion. « Mais qu'est-ce que tu as écrit là ? dit-il. On a dépensé des milliards pour aller sur la lune et qu'est-ce qu'on y a trouvé ? Des cailloux. Il n'y a même pas d'atmosphère. Si tu portes la lune sur la tête, tu auras les épaules écrasées ! » Il ne tarissait pas de critiques du même style. « Tu ne comprends rien à ce poème, rends-le moi », finit par lui dire sa femme. Il ne percevait le poème qu'avec l'intellect, le cœur était absent. Il ne pouvait voir que des cailloux sur la lune. Nous avons perdu notre innocence en nous entêtant à ne faire confiance qu'à nos perceptions sensorielles.

Nous avons développé l'intellect au point que nous ne pouvons plus vivre sans machines. Elles font tout pour nous, il y a même des brosses à dents électriques ! Alors personne ne fait plus assez d'exercice et pour rester en bonne santé, il faut trouver le temps de faire du sport. Quand on considère les choses de ce point de vue, on constate que tout le confort dont nous jouissons nous affaiblit. De nos jours, tout le monde est continuellement tendu. Malgré tout le confort et les commodités dont nous disposons, chaque instant de notre vie est rempli de tensions. Les parents commencent à se faire du souci dès qu'ils apprennent que l'enfant qu'ils attendent est une fille. Leur inquiétude persiste tant qu'ils ne l'ont pas élevée, tant qu'elle n'est pas pourvue de diplômes universitaires et enfin, mariée. Et actuellement, les parents se font tout autant de souci pour leur fils. Avant même d'entrer à l'université, il veut une moto et c'est la guerre à la maison tant qu'il ne l'a pas obtenue. Il n'hésite pas à détruire tout ce qu'il trouve chez lui et menace de se suicider s'il n'obtient pas ce qu'il désire. De nos jours, les parents sont confrontés à beaucoup de problèmes de ce genre. Eux qui espéraient que leurs enfants, une fois adultes, s'occuperaient d'eux dans leurs vieux jours, ont peur maintenant de se faire tuer ! Voilà où nous a conduit le progrès de l'humanité. Si nous en sommes arrivés là, c'est que chacun ne pense qu'à lui-même. L'égoïsme a pris une ampleur sans précédent. A mesure que l'intellect se développe, le cœur se rétrécit. Il y a bien longtemps que nous n'éprouvons plus les chagrins des autres comme les nôtres. De nos jours, les gens n'hésitent pas à mettre autrui en difficulté pour sauver leur propre bonheur. Pour que cela change, il faut que le cœur grandisse au même rythme que l'intellect.

## L'amour doit aussi se répandre sur les moins fortunés

Bien souvent, nous cherchons à nous lier d'amitié avec ceux qui ont une position sociale plus élevée ou qui sont plus riches que nous. Nous n'en retirons que de la souffrance. Des milliers de gens autour de nous traversent des difficultés ou des peines plus grandes que les nôtres. Pourquoi ne pensons-nous pas à eux ? Si nous comparons notre existence à la leur, notre vie nous apparaî-tra comme un paradis. Tandis que quand nous nous comparons à ceux qui sont plus riches, nous trouvons notre sort pitoyable, simplement parce que nous ne vivons pas dans le même luxe. Quand nous sommes malades, nous nous lamentons : « Oh, non ! Je suis terriblement malade ! » Mais il y a généralement autour de nous beaucoup de gens atteints de maladies bien plus graves. Si nous pensions à eux, nos problèmes ne sembleraient pas aussi sérieux. Libérons-nous du chagrin en faisant valoir ce point de vue à notre mental pour le réconforter. Sinon, notre vie ne sera que tristesse.

Il est rare que nous soyons prêts à tendre la main aux gens que nous considérons comme ordinaires. Nous ne trouvons pas le temps d'écouter leurs peines, nous ne sommes pas disposés à les aider dans la mesure de notre possible. En réalité, de tels actes constituent aussi une manière d'adorer Dieu. Si seulement nous nous décidions à les aider, nous obtiendrions la clé du royaume de la joie.

Aimez les pauvres d'un cœur ouvert. Ressentez de l'empathie pour eux. Considérons que notre *dharma* est de les aimer et de les servir et qu'il s'agit-là d'un devoir que Dieu nous a confié. Quand nous cultivons cette attitude, nous n'avons plus le temps de nous affliger sur notre propre sort. Plus d'un tiers de la popu-lation de l'Inde, dit-on, souffre de la pauvreté. Si nous faisions tous attention à éliminer les dépenses inutiles et à nous entraider, personne n'aurait plus faim dans ce pays. Dieu a donné assez pour nous tous mais certains ont détourné à leur profit ce qui revenait aux autres. Ils ne se rendent pas compte que ce sont leurs propres frères et sœurs qu'ils affament ainsi. De tels êtres vivent dans le luxe et la splendeur mais comme ils n'ont aucune compassion pour les pauvres, qu'ils ne sont pas prêts à aider ceux qui sont dans le besoin, ils souffrent de pauvreté intérieure. Dans le monde de Dieu, ce sont eux les plus pauvres d'entre les pauvres et ils ne pourront pas échapper à la souffrance psychologique engendrée par leur manque de compassion.

Il est inutile d'allumer la lampe à huile devant l'autel ou de faire une offrande à Dieu si l'on n'apporte pas un peu de lumière dans la vie des pauvres. Il faut descendre dans leur monde, il faut les aimer et les servir. Sans cela, nous aurons beau méditer, nous ne goûterons pas à la douceur de la méditation car c'est l'aide que nous apportons aux autres qui lui donne cette douceur.

Amma connaît des gens qui, tourmentés parce qu'ils ne trouvent pas de travail, tombent dans la drogue. Ce n'est pas la drogue qui leur donnera du travail, elle ne fera qu'ajouter au fardeau familial. Si vous possédez un jardin, même minuscule, essayez de le cultiver. N'hésitez pas à faire de l'agriculture, même si vous avez des diplômes universitaires. Si vous ne pouvez rien faire pousser d'autre, plantez au moins quelques bananiers dans le jardin et faites vivre votre famille grâce à votre dur labeur.

Mes enfants, fermez les yeux maintenant et visualisez la forme de la Mère divine. Ou bien imaginez qu'Elle se tient juste devant vous. Inutile de différencier entre l'intérieur et l'extérieur, entre l'Être suprême avec forme et sans forme. Essayez simplement de concentrer le mental. Ne vous inquiétez pas si vous ne parvenez pas à visualiser la forme. Fermez les yeux et appelez doucement : « Amma, Amma ! » (Mère ! Mère !) « Dieu n'est-Il pas à l'intérieur de nous ? » demanderez-vous. Certes, Dieu est en nous, mais nous ne sommes pas centrés sur notre Soi intérieur. Le mental court après d'autres objets, innombrables. Le fait de répéter un mantra est un le moyen de ramener le mental vagabond vers l'intérieur. Appeler « Amma ! » revient à dire : « O amour éternel ! O compassion éternelle, guide-moi ! »

Om shanti, shanti, shanti !

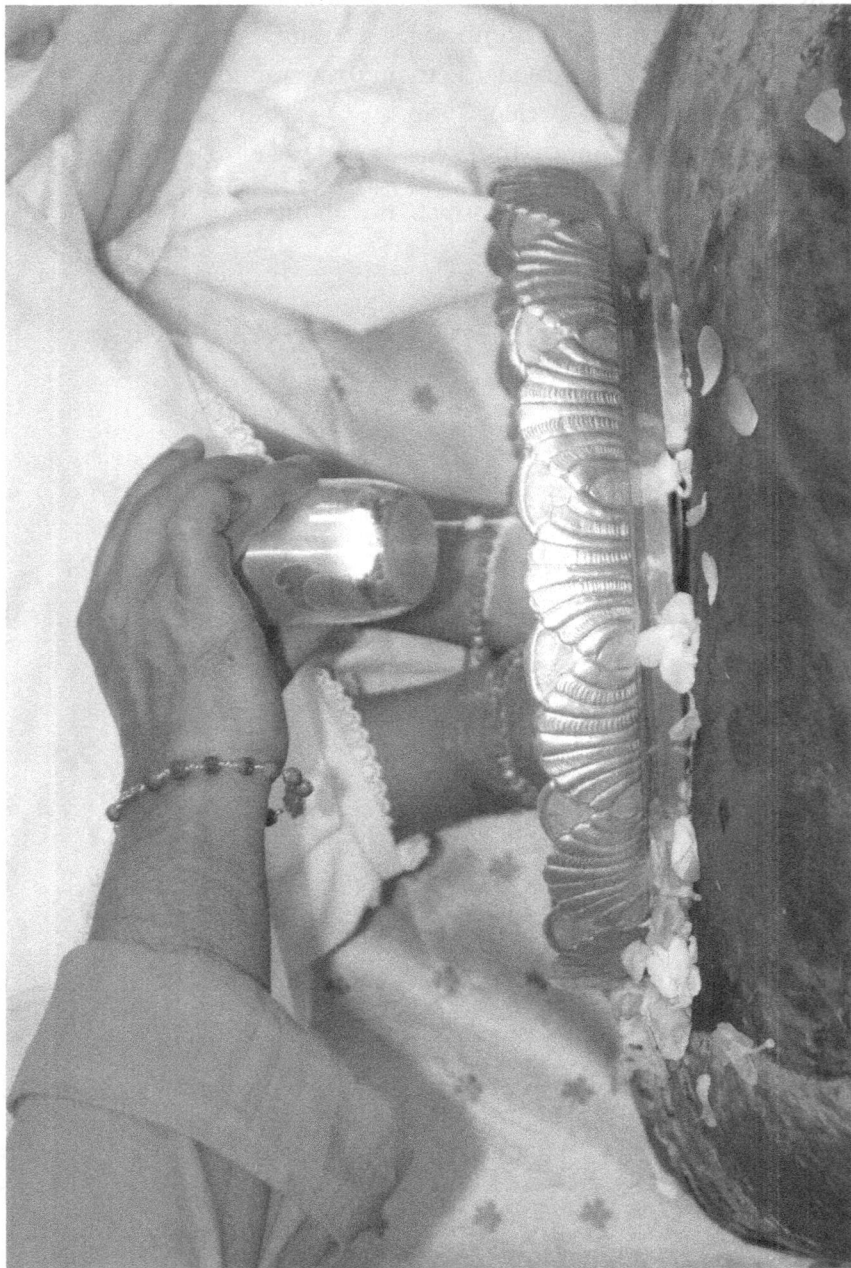

*Swami Amritaswa-rupananda accom-plissant la pada puja le jour de l'anni-versaire d'Amma*

# Faire revivre l'antique
# culture des rishis

*Message d'anniversaire d'Amma, 1996*

Salutations à vous tous qui êtes en vérité autant d'incarnations de l'Amour et du Soi suprême !

Les êtres spirituels n'ont pas d'anniversaire. Ils sont censés abandonner tout cela. C'est pour le bonheur de ses enfants qu'Amma a accepté d'assister à toutes ces cérémonies. Mais Amma serait vraiment heureuse si vous faisiez aujourd'hui le vœu d'assimiler les valeurs de notre culture et si vous teniez votre engagement ; notre *samskara* (culture) pourrait ainsi revivre. Nous devrions prendre cette ferme résolution.

Beaucoup s'interrogent : « Où allons-nous ? » Il s'agit-là d'une question très importante. Quelle direction prend l'Inde, le pays des *rishis*[21] ?

Chacun d'entre nous devrait se poser la question. Il est presque trop tard. Nous ne pouvons plus nous permettre d'attendre, ce serait dangereux. Amma ne dit pas cela pour effrayer ses enfants. Elle ne fait qu'exprimer ouvertement la vérité. Il y a encore de l'espoir. Si nous reconnaissons le danger qui nous guette et si nous avançons avec prudence, nous pouvons encore l'éviter.

Nous vivons à l'ère du mensonge et de l'iniquité. Le discernement a disparu de la société. De nombreux personnages qui auraient pu guider la société ont, pour diverses raisons, perdu leur réputation. Le déclin du *dharma* est partout manifeste. Amma se dit souvent qu'en fait, il nous faudrait une révolution. Une dissolution (*pralaya*) est nécessaire et il n'est pas question d'attendre l'an 2000 : cette révolution doit se produire ici et maintenant ;

---

[21] Voir glossaire

nous ne pouvons plus attendre une minute de plus. Amma veut parler de la révolution intérieure. Nous avons tous un mental, mais pas de conscience. Il est donc nécessaire de purifier le mental. La spiritualité est un cadeau extraordinaire que nous ont légué les sages d'autrefois. Sans une compréhension adéquate de la spiritualité, nous vivons dans les ténèbres. Si nous n'intégrons pas correctement notre culture spirituelle, la vie n'a aucun sens.

En revanche, si nous assimilons la spiritualité et vivons selon ses principes, notre vie prendra tout son sens, elle ne sera que joie et beauté. A tous points de vue, il est donc essentiel que nous redonnions à la spiritualité sa place dans notre vie. Notre Mère la Justice divine (*dharma*) souffre d'une maladie de cœur. Il faut l'opérer d'urgence pour qu'elle se rétablisse. Mes enfants, faisons ce serment aujourd'hui même.

## Bharat, le pays du dharma

On hésite actuellement à prononcer le mot *dharma*. Bharat (l'Inde) est le pays du *dharma*. *Dharma* est le principe qui inclut tout, l'essence de l'amour. Il est dit que le *dharma* de l'Inde est pareil à l'empreinte d'un éléphant, si grande qu'elle peut contenir celle de tous les autres animaux. Ainsi, le *dharma* de l'Inde est assez vaste pour tout englober. Mais actuellement, il se désintègre de toutes parts. Il faut mettre un terme à cet état de choses.

## La science et la culture

Notre culture ne vient pas de la science. Elle a ses racines dans le *samskara,* qui lui-même découle de la spiritualité. Amma ne dénigre pas la science. Celle-ci nous procure un certain confort matériel, des commodités. Mais pour qu'un *samskara* se développe, la spiritualité est essentielle.

D'où vient donc notre *samskara* ? C'est l'héritage que nous avons reçu des *rishis*, les sages des temps anciens. Notre *samskara* véhicule les principes de vie qui proviennent de la lignée des *rishis*.

Il est toujours présent en nous, il n'a pas complètement disparu. Il est devenu vital aujourd'hui de le ranimer et de le rétablir.

Nous connaissons les actions des sages du passé. La neige de l'Himalaya fond sous le soleil et descend vers les plaines sous la forme de nombreuses rivières qui apportent au monde leurs bienfaits. Ainsi, l'amour, la compassion et la grâce des sages, ces êtres qui avaient la connaissance directe, l'expérience de *Brahman* (la réalité absolue), se répandent sur tous les êtres vivants. Leur amour nous délivre de l'ego, rend notre cœur et notre esprit aussi vastes que l'univers et nous inspire le désir de vouer notre vie à œuvrer pour le bien du monde. Tel est le *dharma* suivi par la lignée des *rishis*. La vie déréglée que l'on mène aujourd'hui érige un mur qui bloque le flot de cet amour et de cet altruisme.

### Le guru et le disciple

Dans les *gurukulas*, (écoles dirigées par les maîtres spirituels, ndt.) les maîtres spirituels et les disciples de jadis récitaient ensemble un mantra[22] particulier.

Le maître spirituel était plus avancé que les disciples assis par terre devant lui. Et cependant, il récitait ce mantra avec eux.

*Om sahanavavatu*
*Sahanau bhunaktu*
*Sahaviryam karavavahai*
*Tejasvinavadhitamastu*
*Ma vidvishavahai*
*Om shanti shanti shanti*

Puisse Dieu nous protéger tous ;
Puisse-t-Il nous permettre de goûter la béatitude du Soi ;
Puissions-nous devenir valeureux et magnifiques ;

---

[22] Ce mantra est le mantra d'introduction (*shanti mantra* ou invocation pour la paix) dans toutes les Oupanishads qui font partie du Krishna Yajourvéda. Le Krishna Yajourvéda fait partie du Yajourvéda, un des quatre Védas.

Puissions-nous, ensemble, faire des efforts et puisse notre étude porter ses fruits.
Puissions-nous ne jamais nous quereller.
Om paix, paix, paix.

Une telle humilité est emblématique de la lignée des *rishis*. Ils ne voulaient pas garder leur sagesse pour eux-mêmes. Qu'est devenue aujourd'hui cette sagesse, qui a nourri l'humanité et notre *samskara* ? Qu'observons-nous dans les écoles actuellement ? Les élèves se croient plus intelligents que les professeurs. Ceux-ci réagissent en songeant : « Ils sont d'une telle arrogance ! Que puis-je donc leur enseigner ? » Mais ni les élèves ni les professeurs ne sont prêts à examiner le problème. Le résultat, c'est que les professeurs sont devenus de vraies machines et les élèves des murs de pierre. Il n'y a entre eux aucun amour et la connaissance ne se transmet pas des uns aux autres. L'atmosphère était autrefois bien différente dans les écoles. Maîtres et élèves étaient animés d'un grand enthousiasme. Les enfants avaient soif d'écouter leur maître qui, de son côté, désirait ardemment leur transmettre son savoir. Ils avaient beau passer beaucoup de temps ensemble, jamais ils ne s'ennuyaient.

Jadis, dans les écoles, personne ne prenait de notes. Sans livre et sans stylo, les élèves assimilaient un savoir qui dépasse ce que l'on peut apprendre aujourd'hui en toute une vie. Ils apprenaient par cœur les Védas, les Védangas[23], les Itihasas[24] et les épopées (and the epics). L'éducation à l'époque, c'est ce que les élèves, par amour de leur maître, absorbaient en restant assis devant lui. Les disciples ignoraient la lassitude. Leur développement intérieur était ininterrompu.

---

[23] Les Védangas sont des branches de la connaissance qui sont des auxiliaires des Védas.

[24] Epopées (Mahabharata, Ramayana)

Quand l'amour est présent, rien n'est jamais un fardeau. C'est grâce à l'amour du maître que le cœur du disciple s'ouvre, comme une fleur en bouton s'épanouit ; il reçoit la grâce du maître, qui s'écoule spontanément dans son cœur. Les disciples ne se contentaient pas d'entendre chaque parole du maître ; ils en faisaient l'expérience. Tel était autrefois le mode d'éducation. Qu'est-il arrivé à notre système éducatif aujourd'hui ?

## Aimer nos enfants

Jadis, on envoyait les enfants à l'école à l'âge de cinq ans. On leur enseigne aujourd'hui l'alphabet alors qu'ils ont à peine deux ans et demi. Et on amène les enfants à Amma pour qu'elle les initie.

Tant que les enfants ont moins de cinq ans, on ne doit leur donner que de l'amour. Il faut leur accorder une liberté sans restriction et les laisser jouer librement. Certes, on doit veiller à leur sécurité, éviter par exemple qu'ils se brûlent ou qu'ils tombent à l'eau, mais c'est tout. Quelles que soient les espiègleries auxquelles ils se livrent, les petits enfants ne devraient recevoir que de l'amour. Ils devraient grandir dans le sein de l'amour, exactement comme quand ils sont dans le ventre de leur mère pendant la gestation. Mais ce n'est pas ce qui se passe actuellement. On les envoie souvent à l'école quand ils sont encore trop petits et cela ne crée en eux que des tensions. Cela revient à introduire des vers dans des boutons de fleurs qui devraient donner de magnifiques fleurs parfumées ! Même si les boutons s'épanouissent, ils donnent des fleurs déformées. Quand les enfants grandissent, les fardeaux inutiles dont ils sont encombrés empêchent leur pensée de se développer normalement. Pour que cela change, il faut d'abord que les parents acquièrent une certaine compréhension de la spiritualité et la transmettent à leurs enfants. Chacun devrait connaître la fonction de la spiritualité dans la vie. L'éducation ordinaire nous permet de trouver un emploi et de manger à notre faim, mais cela ne suffit pas pour que nous soyons épanouis.

## La spiritualité, la plénitude de la vie

La vie n'atteint sa perfection que quand nous assimilons la spiritualité. La cause des problèmes actuels, c'est l'absence de spiritualité. Sans elle, il est impossible d'éliminer l'agitation qui règne dans le monde.

Nous avons appris récemment le suicide d'une grande star du cinéma. Apparemment, elle n'avait personne pour l'aimer. Quand l'être qui est censé vous prodiguer de l'amour ne le fait pas, la vie n'a plus de sens. Voilà l'état des choses dans le monde actuel. Mais si nous assimilons les principes de la spiritualité, il en ira autrement. La spiritualité nous enseigne le sens réel de la vie et de l'amour. De nos jours, nul ne s'efforce de faire revivre et de suivre le *dharma* qui mène à l'immortalité ; cette attitude nous entraîne irrémédiablement vers la mort. Les gens pleurent et se lamentent, ils déclarent que la vie n'est que souffrance. Ils se suicident ou bien rejettent le *dharma*, qu'ils jugent démodé. Au lieu d'émettre de telles opinions, efforçons-nous de vivre en accord avec le *dharma*. Nous prendrons alors conscience du sens réel de la vie, nous ferons l'expérience de la joie et de la beauté.

## Climatiser le mental

Mes enfants, si la science permet de climatiser le monde extérieur, la spiritualité, elle, climatise le monde intérieur. Elle nous enseigne comment climatiser le mental. Elle n'a rien à voir avec la foi aveugle ; elle est le principe qui dissipe les ténèbres.

Si vous proposez à un enfant d'un côté des bonbons et de l'autre des pièces d'or, que choisira-t-il ? Les bonbons. Il ne sait pas qu'avec une pièce d'or, on peut en acheter des quantités énormes. Nous nous comportons comme cet enfant. Le monde matériel nous fascine au point que nous perdons le sens de la réalité.

On ne se lasse jamais de la douceur de Dieu. Dieu est la source à la fois de la libération et de la prospérité matérielle. Aujourd'hui, on abandonne Dieu pour courir après des biens matériels éphémères ; les gens sont forcément déçus. Chaque instant où nous prenons refuge en Dieu est béatitude et prospérité. C'est une chose que rien ne peut égaler. Le temps que nous passons à méditer sur Dieu n'est jamais perdu. Jamais personne n'est mort de faim alors qu'il méditait sur Dieu. Il ne faut jamais considérer la méditation comme une activité inutile. Ressuscitons cette voie et encourageons les autres à la suivre. Dans cette affaire, on n'est jamais perdant, toujours gagnant.

### Dieu est une expérience

Seule la méditation nous permet de trouver Dieu, qui demeure en nous. Quand une fleur est encore en bouton, il est impossible de percevoir sa beauté et son parfum. Il faut d'abord qu'elle s'épanouisse. Mes enfants, ouvrez la fleur de votre cœur ! Vous connaîtrez alors la béatitude. Le courant électrique est invisible, mais si on touche un fil dénudé et sous tension, on fait l'expérience de sa présence. Dieu est une *expérience*. La méditation est le moyen d'accéder à cette expérience. Faites des efforts en ce sens, mes enfants, et vous réussirez certainement.

### Pourquoi ?

Beaucoup d'enfants d'Amma lui confient qu'ils sont incapables de rire, de parler à cœur ouvert, qu'ils sont toujours tristes.

Mes enfants, cherchez la cause de cette tristesse. Interrogez-vous : « Que me manque-t-il pour que je sois si triste ? Quel est le fardeau que je porte ? » Faites-le et vous trouverez la réponse.

Regardez la nature. Voyez cet arbre, là-bas, ses branches qui se balancent avec bonheur dans le vent, ces oiseaux qui chantent, oubliant tout, la rivière au chant mélodieux qui coule gaiement, et les plantes, les étoiles, le soleil et la lune. Partout règne la joie. Pourquoi sommes-nous donc les seuls à nous affliger au milieu de toute cette félicité ? Pourquoi sommes-nous les seuls à être malheureux ? Réfléchissez et vous comprendrez. Aucun de ces éléments de la nature ne possède un ego. Nous sommes les seuls. « Je suis ceci et cela, je veux devenir cela, je veux cela, » voilà ce à quoi nous songeons constamment. Mais ce « moi » qui nous préoccupe tant ne nous accompagnera pas au moment de la mort ; le sens de l'ego ne nous apporte aucun bienfait. Si nous nous accrochons à ce « moi », nous n'en retirerons que de la souffrance. Mes enfants, abandonnez ce « moi » et réveillez-vous. Vous vivrez alors dans la joie et le bonheur. Soyez heureux, mes enfants. Seul le moment présent nous appartient. Allons-nous prendre encore une inspiration ? Ce n'est pas certain. Essayez donc d'être heureux, sans vous affliger une seconde. Mais cela est impossible sans abandonner le sentiment du « moi ».

Dans leur bienveillance, les *rishis* nous ont fait la grâce de nous léguer ce cadeau. Mes enfants, sans perdre un instant, vivez en accord avec leur enseignement. Sinon, la vie n'a aucun sens. Ne remettez pas cela à demain, parce qu'en vérité, demain n'est qu'un rêve. En ce moment même, nous vivons dans un rêve, car ce n'est rien d'autre. Un rêve ordinaire se termine le matin au réveil tandis que le nôtre est plus long. Nous ne pouvons connaître la réalité qu'en nous éveillant. Il s'agit d'un éveil à Dieu, n'en doutons pas, car c'est la seule manière de sortir du rêve ; chaque moment qui passe est extrêmement précieux et il ne faut pas le gâcher. Repousser notre éveil à demain et retomber dans le rêve, c'est de la sottise. Demain est une question sans réponse. Nous aurons beau affirmer que quatre et quatre font neuf, jamais cela ne sera vrai. Rien n'est plus précieux que le moment présent. Ne le gaspillez jamais. Mes enfants, saisissez l'instant présent et apprenez à rire de tout votre cœur. Veillez à avoir toujours le sourire aux lèvres. Essayez de ne faire de mal à personne, ni en pensées, ni en paroles, ni en actes.

## Faites de l'instant présent un moment de béatitude

Notre mental est aujourd'hui tourné vers le passé ou l'avenir. C'est pourquoi l'instant présent, dont nous devrions profiter, nous échappe.

C'est un homme qui s'achète une glace et s'apprête à la déguster. Il en prend une cuillerée, puis il pense : « J'ai un léger mal de tête, cela m'a pris ce matin. Au fait, le restaurant où j'ai mangé hier soir n'était pas propre. Les plats n'étaient pas couverts. Est-ce qu'un lézard ou autre chose serait tombé dans la nourriture ? Il y avait des bijoux magnifiques dans la vitrine de la bijouterie à côté de ce restaurant ! Et en face, il y avait une boutique qui vendait des vêtements à la dernière mode ! Est-ce que je pourrai un jour m'offrir cela ? J'arrive à peine à joindre les deux bouts avec ce que je gagne. Quelle vie ! Si seulement j'étais né dans une famille riche ! Si seulement j'avais étudié à l'école ! Mais les choses se sont déroulées autrement ! » Pendant qu'il mange sa glace, voilà les pensées qui occupent son esprit. Il ne sait même pas quel goût a la glace. Son esprit est ailleurs. En de tels moments, il est comme mort. En ressassant le passé et en songeant à l'avenir, il gâche les merveilleux instants qu'il lui a été donné de vivre. C'est pourquoi Amma dit que le passé est comme un chèque annulé. Inutile d'y penser ! Ruminer le passé revient à étreindre un cadavre ! Les morts ne reviendront jamais, le passé non plus. Il est tout aussi vain de s'inquiéter de ce qui pourrait éventuellement se produire dans l'avenir car cela aussi n'est qu'un rêve. Cela peut arriver ou non. Seul le moment présent est utile.

C'est comparable à l'argent dont nous disposons. Nous sommes libres d'en user à notre guise mais si nous le dépensons d'une manière inconsidérée, nous n'en retirons aucun bienfait et l'argent est perdu. Il faut donc bien réfléchir à l'usage que nous en faisons et faire preuve de discernement à chaque pas. C'est seulement ainsi que nous pourrons avancer avec courage sur notre voie. Soyons ferme dans notre résolution d'assimiler ce principe.

## La nécessité de l'action désintéressée

Dans notre vie, il se passe généralement deux choses : nous agissons et nous récoltons les fruits de nos actes. Si nos actions sont bénéfiques, nous récoltons de bons fruits alors que les actions nuisibles ne nous apportent que de mauvais fruits. Il s'agit donc d'être très vigilant lorsque nous agissons.

Certains s'efforcent de décourager ceux qui agissent. Ils ont lu des livres sur le Védanta et déclarent : « N'est-il pas vrai qu'il n'existe qu'un seul Soi (*Atman*) ? Alors quel autre Soi ce Soi pourrait-il bien servir ? » Mais nous voyons bien que ceux qui défendent ce point de vue sont eux-mêmes très attachés à la satisfaction de leurs besoins matériels. Ils attendent avec impatience l'heure du déjeuner. Si le repas n'arrive pas exactement à l'heure, ils s'énervent et se mettent en colère. Où est donc alors passée leur connaissance du Soi ? Quand ils ont faim, ils ne déclarent pas en philosophes que le Soi n'a pas besoin de nourriture. Ils ne font pas de compromis quand il s'agit de leurs besoins matériels : manger, dormir, porter des vêtements corrects, etc. Ils ne se montrent réticents que lorsqu'il s'agit de faire du bien aux autres. Ce n'est pas là le point de vue réel du Védanta. C'est simplement le discours de paresseux qui aiment l'oisiveté. Un tel discours n'est d'aucune utilité. La connaissance réelle ne se trouve pas dans l'action en tant que telle, mais dans la conscience d'être non agissant ; c'est le sentiment qu'en réalité, nous ne faisons rien, même quand nous agissons.

La vérité, c'est que nous ne pouvons pas rester vraiment inactifs un seul instant. Si le corps n'est pas actif, le mental l'est. Pendant le sommeil, nous agissons en rêve. La respiration et les autres fonctions de l'organisme continuent automatiquement. Il est impossible d'éviter l'action. Alors pourquoi ne pas agir d'une manière qui soit bénéfique pour le monde ? Et s'il s'agit d'un travail manuel, quel mal y a-t-il à cela ? Les actions désintéressées affaiblissent les tendances innées indésirables que nous avons accumulées jusque là. Nous ne pouvons les surmonter que si nos pensées, nos paroles et nos actes sont bons.

Les maîtres spirituels d'autrefois confiaient aux disciples qui venaient étudier le Védanta des travaux tels que le ramassage du bois, l'arrosage des plantes et le lavage des vêtements. Le service désintéressé est essentiel, il nous permet de transcender l'égoïsme et l'attachement au corps physique. Personne ne devrait donc rester oisif ni décourager ceux qui travaillent.

Quand la compassion surgit dans notre cœur à la vue de la souffrance d'autrui, nous ne pouvons pas demeurer inactifs. La grâce de Dieu ne se répandra que dans un cœur compatissant. Si la grâce divine se manifeste là où il n'y a pas de compassion, elle ne portera aucun fruit. Cela revient à verser du lait dans un récipient sale. On ne peut atteindre la pureté intérieure qu'en agissant de manière bénéfique pour les autres.

Il était une fois un roi qui avait deux fils. Le temps était venu pour lui de se retirer dans la forêt pour y mener une vie d'ermite[25].

Lequel de ses fils devait lui succéder ? Il se disait que celui qui monterait sur le trône devait aimer le peuple. Il avait du mal à prendre une décision. Il a donc emmené ses fils chez son maître spirituel, qui pouvait lire l'avenir, et il lui a exposé la question. Le maître l'a écouté et lui a dit : « Dans quelques jours, je vais m'en aller sur une île, non loin d'ici. Envoie les princes sur cette île. Ils ne doivent disposer ni d'un cheval ni d'un autre moyen de transport et aucun serviteur ne doit les accompagner. Donne-leur simplement un peu de nourriture pour la route. »

Au jour fixé par le maître, le roi envoya les deux princes dans l'île. Selon les instructions reçues, ils partirent seuls et à pied.

---

[25] Vanaprastha : la troisième étape de la vie.

L'aîné marchait le premier. En chemin, il rencontra un mendiant qui le supplia : « Je meurs de faim ! Je n'ai rien mangé depuis deux jours. S'il vous plaît, donnez-moi quelque chose à manger ! » Le prince n'apprécia pas du tout ce qui lui arrivait. Il sermonna même les témoins de la scène : « Ne suis-je pas le fils aîné du roi ? Est-il juste de laisser des mendiants m'accoster ? » Il les avertit que cela ne devait pas se reproduire et continua sa route.

Son frère cadet arriva peu après. Le même mendiant l'implora de lui donner à manger. Le prince se dit : « J'ai mangé ce matin, ce pauvre homme dit qu'il n'a rien avalé depuis deux jours ! Comme c'est triste ! » Le jeune prince ne reprit son chemin qu'après avoir consolé le mendiant et lui avoir donné les provisions qu'il avait emportées pour la route.

Pour arriver à l'île, les princes devaient traverser une rivière. Sur la rive, ils rencontrèrent un lépreux dont le corps était couvert de plaies infectées de pus. Il ne savait pas nager et demandait de l'aide pour traverser la rivière. L'aîné des princes se boucha le nez pour ne pas sentir l'odeur infecte des plaies, puis il entra dans le lit de la rivière pour la traverser.

L'autre prince, toutefois, n'eut pas le cœur d'abandonner le lépreux sur la rive. Il se dit : « Le pauvre homme ! Si je ne l'aide pas, qui va le faire ? » Il hissa le lépreux sur ses épaules et entra dans l'eau. Mais le niveau de la rivière monta brusquement : un grand glissement de terrain en amont avait créé un courant très puissant. L'aîné des princes ne réussit pas à garder l'équilibre. L'eau montait rapidement. Il essaya de nager mais en dépit de ses efforts, il fut emporté par le courant. Malgré l'eau qui montait dangereusement, le plus jeune des princes, n'abandonna pas le lépreux. Il s'efforçait de nager tout en le portant mais ses bras et ses jambes faiblissaient. Au moment où il allait couler, il vit un arbre arraché qui descendait la rivière en flottant. Il s'agrippa au tronc et aida le lépreux à faire de même. Ils arrivèrent sains et saufs sur l'autre rive. Le prince quitta alors le lépreux pour aller voir le maître spirituel.

C'est la compassion du prince qui lui est revenue sous la forme d'une grâce : l'arbre qui l'a sauvé. La grâce se répand automatiquement sur ceux qui ont de la compassion. Il est impossible d'échapper à un courant aussi puissant, même si on est bon nageur. Dans ce cas, seule la grâce de Dieu est notre refuge. Et elle ne peut nous être accordée que si nous faisons de bonnes actions. Mes enfants, la compassion devrait se manifester dans chacun de nos actes.

## La grâce est indispensable pour réussir

Beaucoup de journaux publient des offres d'emploi. Il est stipulé que le candidat doit par exemple être titulaire d'une maîtrise, avoir une certaine taille, fournir un certificat médical et des références. Seuls ceux qui répondent à ces critères peuvent poser leur candidature. Après l'examen écrit et les entretiens, il s'avère que certaines personnes qui avaient répondu correctement à toutes les questions n'ont pas été sélectionnées alors que d'autres, qui avaient moins bien répondu, ont été embauchées.

C'est un phénomène courant. Pourquoi ? Ceux qui n'ont pas été retenus n'avaient pas la grâce qui aurait fait fondre le cœur de l'examinateur. Les autres, qui avaient la grâce, ont obtenu l'emploi malgré les quelques erreurs commises. Ainsi, quels que soient nos efforts, c'est la grâce qui détermine notre succès ou notre échec. Dans tout ce que nous entreprenons, plus encore que l'effort humain, c'est la grâce qui nous permet d'atteindre la perfection. C'est ainsi que les choses se mettent en place. Mais cette grâce ne vient que si nos actions sont pures.

## Donner à ceux qui le méritent

Quatre-vingt-dix pour cent des enfants d'Amma rassemblés ici n'ont pas compris correctement ce qu'est la spiritualité. Chacun assimile selon ses capacités intellectuelles et selon son *samskara*. Il est donc nécessaire d'expliquer les choses en se mettant à la portée de chacun. On ne peut pas donner le même conseil à tout le monde. Les mêmes mots sont interprétés différemment selon les personnes. C'est pourquoi, il est dit qu'avant de donner des instructions dans le domaine spirituel, il faut savoir à qui on s'adresse.

Si un magasin de chaussures ne propose qu'un seul modèle, en une seule taille, sur cent clients, bien peu y trouveront leur bonheur. Cette boutique ne sera pas très utile, même si elle dispose d'un stock important. Il faut avoir en magasin des tailles différentes pour que chacun puisse trouver chaussure à son pied. Notre culture, le *sanatana dharma*[26] inclut des voies nombreuses et variées. Pour aider des gens issus de milieux culturels différents à progresser, il est nécessaire de guider chacun sur une voie adaptée à son mental et à ses conditions de vie. C'est la seule manière de les mener au but.

**Il n'existe qu'une seule vérité, les sages lui donnent des noms différents.**

Le panthéon de l'hindouisme comprend de nombreuses divinités. Les rituels et les coutumes varient suivant les régions de l'Inde. Les Indiens ont grandi dans des cultures diverses. Des souverains originaires de différents pays ont régné sur l'Inde. C'est ainsi que nombreuses façons d'adorer Dieu, adaptées aux multiples cultures et divinités, ont vu le jour. Mais la même Conscience, la même Puissance les habite. Que vous utilisiez un savon vert, bleu ou rouge, la mousse est blanche. Ainsi, la Conscience, la Puissance qui demeure en chaque divinité est la même. C'est Elle, c'est ce Dieu unique qu'il faut réaliser et qui existe aussi en nous. Dieu est partout présent : dans le coucou qui chante, dans le corbeau

---

[26] Sanatana dharma (le principe éternel) est le nom traditionnel de l'hindouisme

qui croasse, dans le lion qui rugit, dans l'océan qui gronde. C'est cette Puissance qui voit par nos yeux, entend par nos oreilles, goûte avec notre langue, sent par notre nez, par notre peau et qui nous donne la force de marcher. Cette Puissance emplit tout. Il s'agit d'en faire l'expérience.

## Développer une attitude d'abandon de Soi

Notre dévotion ne doit pas ressembler à celle du bébé singe qui s'accroche au ventre de sa mère. S'il relâche sa prise pendant qu'elle saute de branche en branche, il risque de tomber. Prions plutôt : « Mère, tiens-moi fermement ! » Ayons cette attitude d'abandon à Dieu. Alors il n'y aura rien à craindre. Même si notre prise se relâche, la ferme étreinte du Suprême nous protègera.

Le petit chat pleure, il ne sait rien faire d'autre. Sa mère le prend dans sa gueule et le met en sûreté. Le chaton n'a rien à craindre car sa mère ne le lâchera pas. Prions : « O Mère divine, prends-moi la main et guide-moi ! » Tant qu'Elle nous guide, nous ne tomberons pas dans le puits ni dans le fossé. Elle ne nous laissera pas nous perdre parmi nos jouets (les plaisirs du monde). Elle nous guidera jusqu'au but. C'est cette attitude qu'il s'agit de développer.

## La répétition du mantra

La répétition du mantra est une pratique spirituelle facile que nous pouvons effectuer constamment. Mes enfants, vous êtes venus ici en bus. Pourquoi ne pas répéter votre mantra dès que vous montez dans le bus jusqu'à votre arrivée ici et faire de même sur le chemin du retour ? Pourquoi ne pas prendre l'habitude de répéter le mantra en voyage ? A quoi bon détruire notre paix intérieure et nous ruiner la santé à bavarder d'autres choses pendant ce temps ? En répétant un mantra, on obtient non seulement la paix intérieure mais aussi des bienfaits matériels. Non seulement cela nous mène à Dieu, mais ses dons nous sont accordés de surcroît.

## Servir l'humanité, c'est servir Amma

Grâce à l'effort de tous les enfants d'Amma, notre ashram a eu la bonne fortune de pouvoir aider beaucoup de gens en peu de temps. Si vous y mettez tout votre cœur, nous pouvons faire encore beaucoup plus pour le monde. Dès que notre projet de construire vingt-cinq mille maisons pour les pauvres a été rendu public, nous avons reçu plus de cent mille demandes ! La plupart des candidats méritent vraiment de recevoir une maison. Si les enfants d'Amma décident d'aider, nous pouvons construire des maisons pour tous les sans-abri, cela ne fait aucun doute. L'argent que vous dépensez inutilement dans votre vie quotidienne suffirait.

« A partir d'aujourd'hui, je ne vais plus fumer. Je vais arrêter l'alcool. Au lieu d'acheter dix tenues chaque année, j'en achèterai neuf. » Mes enfants, prenez ce genre de résolution et employez l'argent ainsi économisé à construire des maisons pour les pauvres. Alors, dans dix ans, il n'y aura plus de bidonvilles dans ce pays. Des mères viennent voir Amma et lui disent : « Amma, il pleuvait la nuit dernière et il y avait des fuites partout dans la hutte. Pour que le bébé ne soit pas mouillé, j'ai dû le protéger en tenant une natte au-dessus de sa tête. » Imaginez la situation, mes enfants : la mère qui doit veiller toute la nuit à cause des pluies torrentielles et tenir une natte pour éviter que son enfant ne soit trempé dans la hutte ! Et pendant ce temps-là, il y a des gens qui dépensent des milliers de roupies pour de l'alcool et de la drogue.

Pourquoi Amma a-t-elle décidé de construire autant de maisons ? C'est qu'elle pensait à la souffrance de ses enfants. Elle n'avait aucune autre préoccupation. Si nous avons pu faire tant d'autres choses en si peu de temps, cela aussi est possible. Nous avons reçu cent mille demandes. Nous pouvons bâtir cinq mille maisons par an. Si vous le désirez tous, nous pouvons même faire plus. Amma n'a-t-elle pas d'innombrables enfants ? Si vous arrêtez de fumer pendant deux ans, avec l'argent économisé, nous pouvons construire une maison. Il suffit de deux pièces pour qu'une famille puisse dormir au sec. Mes enfants, rappelez-vous cela quand vous faites des dépenses inutiles.

Certains d'entre vous consomment de l'alcool, du *ganja* (haschisch) etc. Mes chers enfants, ce sont les larmes et le sang de votre mère, de votre épouse[27], de vos enfants, de vos frères et sœurs que vous consommez en réalité !

Mes enfants, priez Dieu qu'il vous donne la force de vous libérer de ces mauvaises habitudes !

La nourriture d'Amma, c'est le cœur de ses enfants quand il est pur de toute jalousie et de toute malveillance. La joie d'Amma, c'est de voir que vous avez un tel cœur. Alors priez Dieu qu'Il vous libère de toute jalousie et vous donne la force de faire de bonnes actions ! Priez pour que Dieu vous permette de vous libérer de vos mauvaises habitudes. Priez pour ne voir que le bien en toute chose, comme l'abeille qui savoure uniquement le nectar de la fleur.

Amma parle toujours de l'abandon à Dieu. Quoi que vous fassiez, efforcez-vous de le faire comme une offrande au Seigneur. Priez pour que vous puissiez voir partout la volonté de Dieu. Un tel abandon de soi devrait être le but de notre vie.

---

[27] Au Kérala, il est très rare qu'une femme fume ou se drogue.

# Un idéal pour une Inde libre

*Message d'anniversaire d'Amma 1997*

Salutations à vous tous qui êtes en vérité des incarnations de l'amour et du Soi suprême ! Tous mes enfants se sont rassemblés ici dans la patience et l'enthousiasme. Si vous pouvez manifester ces qualités à chaque instant de votre vie, tout viendra à vous, car la patience et l'enthousiasme sont le secret de la réussite.

Certains ont de l'enthousiasme mais manquent de patience. Chez d'autres, c'est l'inverse : ils ont de la patience mais manquent d'enthousiasme. Quatre-vingt-dix pour cent des jeunes ont de l'enthousiasme, mais la patience leur fait défaut. Ils agissent dans la précipitation, selon l'inspiration du moment. Leur manque de patience les fait souvent échouer. Les gens de soixante ou soixante-dix ans sont souvent très patients. La vie leur a appris la patience, le discernement et l'intelligence mais ils n'ont plus beaucoup d'enthousiasme. Si vous leur demandez pourquoi, ils répondent : « Mon corps a perdu sa force, je ne peux plus bouger comme je voudrais. » Voilà ce que nous observons aujourd'hui.

Regardez un petit enfant. Il est à la fois enthousiaste et patient. Il essaye de se mettre debout, il tombe, il essaye à nouveau. Il refuse d'abandonner, même s'il se fait mal. Il réussit finalement à se tenir debout, grâce à ses efforts constants et parce qu'il n'a jamais perdu sa patience et son enthousiasme. L'enfant sait que sa mère est là pour le protéger et que s'il se blesse, elle nettoiera la plaie et appliquera une crème. Le petit enfant est optimiste parce que sa mère est près de lui, toujours prête à l'aider dans ses efforts. La patience, l'enthousiasme et l'optimisme, tels devraient être les mantras de notre vie. Dans tous les domaines, on remarque que ceux qui ont la foi réussissent alors que les autres faiblissent.

Une société fabriquant des chaussures a envoyé deux représentants vendre ses produits dans un village éloigné. Au bout de quelques jours, un des vendeurs a envoyé le message suivant : « Les gens ici sont des aborigènes. Ils ne connaissent pas l'usage des chaussures. Il est impossible de leur vendre quoi que ce soit, alors je reviens tout de suite. » Mais le message de son collègue avait un ton très différent : « Les gens ici sont des aborigènes. Ils n'ont jamais vu de chaussures. Ils marchent nu-pieds et dorment à même le sol en terre battue. Si nous leur montrons les avantages qu'il y a à porter des chaussures, cela nous permettra de vendre une grande quantité de sandales. Alors envoyez tout de suite un camion de chaussures ! » Le représentant optimiste a réussi.

Si nous avons foi que Dieu est toujours avec nous pour nous aider dans toutes les crises que nous traversons, nous aurons l'énergie et l'enthousiasme nécessaires pour surmonter tous les obstacles, l'optimisme ne nous fera pas défaut, nous croirons à la réussite.

Rama, Krishna, Jésus et Mohammed, tous se sont heurtés à de nombreux obstacles mais ils n'ont jamais chancelé. Sans jamais se retourner, ils ont poursuivi leur chemin. En conséquence, ils ont toujours réussi. Aujourd'hui encore, ils sont vivants. Vous songerez peut-être : « Mais n'étaient-ils pas tous des *avatars* ?[28] Ils ont pu, *eux*, accomplir de tels exploits, mais comment des êtres ordinaires comme nous pourraient-ils jamais leur ressembler ? »

Mes enfants, aucun d'entre vous n'est une personne ordinaire ! Chacun possède des pouvoirs extraordinaires. Il y a en nous une puissance infinie, mais pour le moment, elle sommeille. Il suffit de la réveiller, alors la victoire est certaine.

---

[28] Des incarnations de l'Être suprême

## Recevoir la grâce

Notre corps a grandi, mais pas notre esprit. Pour qu'il devienne aussi vaste que l'univers, il faut que nous devenions pareils à de petits enfants. Il s'agit d'éveiller l'enfant en nous. Seul un enfant peut grandir. Ce qui nous habite aujourd'hui, c'est l'ego, et ce sentiment du « moi » ne permet aucune évolution. Il doit disparaître pour laisser place à un sentiment d'ouverture et d'infini.

Aimer Dieu, cela n'implique pas seulement de prier ; c'est aussi éprouver du respect envers tout ce qui existe. Dieu n'est pas une personne qui demeure quelque part, tout là-haut, dans le ciel. Dieu est présent en chacun de nous et il s'agit d'en prendre conscience. Pour y parvenir, la condition essentielle est l'humilité. Il faut apprendre à conserver l'esprit du débutant en toutes circonstances, car un débutant est sans arrogance. Mais pour y parvenir, il faut faire un grand sacrifice : renoncer au « moi ». Le sentiment du « moi » fait obstacle à tout progrès et en l'abandonnant, nous sommes sûrs de réussir. Il est dit que pour réussir quoi que ce soit, la grâce de Dieu est plus importante que notre effort. C'est l'ego qui nous empêche de recevoir cette grâce, il faut donc trouver le moyen de renoncer à lui. Ce renoncement assure notre grandeur.

Cependant, pour mériter cette grâce, il faut créer du bon karma. Nous réclamons sans cesse : « Donne-moi ceci ! Donne-moi cela ! » Mais nous n'avons pas appris à dire : « Merci ! » Apprenons à exprimer notre gratitude en toutes circonstances. Au lieu de songer à ce que nous pouvons obtenir des autres, pensons à ce que nous pouvons faire pour eux, cultivons cette attitude intérieure.

Un homme va rendre visite à un ami qui vient d'emménager dans sa nouvelle maison. En arrivant, il reste un moment dehors pour admirer la beauté de cette belle et grande demeure. Quand le propriétaire vient l'accueillir, il lui demande, étonné :

« Combien de personnes vivent ici ?

- J'habite seul, répond son ami.

- Tu es tout seul ! Est-ce que cette maison t'appartient ?

- Oui.

- Comment as-tu pu, si jeune, réunir assez d'argent pour construire ce palace ?

- C'est mon frère aîné qui m'en a fait cadeau. Il est très riche. » Comme le visiteur reste muet, son ami dit : « Je sais ce que tu penses. Tu aimerais avoir un frère comme celui-là, n'est ce pas ? »

« Non, dit le visiteur, je pensais que si j'étais riche comme ton frère, moi aussi, je pourrais offrir une superbe maison comme celle-ci ! »

Mes enfants, voilà ce qui devrait nous habiter : le désir de donner. Seuls ceux qui donnent peuvent recevoir. En donnant, nous trouvons la paix intérieure.

Des ondes de toutes sortes se propagent dans l'atmosphère qui nous entoure. Les pensées sont aussi des ondes. C'est pourquoi il est recommandé d'exprimer chaque pensée et chaque parole avec soin. On dit que la tortue couve ses œufs par la pensée, le poisson par le regard et la poule par la chaleur de son corps. Les ondes de nos pensées sont puissantes. Si nous nous mettons en colère contre quelqu'un qui n'a rien fait de mal, la personne, blessée, va penser : « Mon Dieu ! Mais je ne sais rien de cette histoire ! Pourquoi toutes ces paroles de colère ? » Cette onde de souffrance sera captée par notre aura subtile qui va l'absorber et s'assombrir, comme un miroir recouvert de fumée. La fumée empêche la lumière d'atteindre le miroir, et la pellicule sombre engendrée par la vague de souffrance nous empêche de recevoir la grâce de Dieu. D'où la nécessité d'éliminer les mauvaises pensées et de tourner notre esprit vers Dieu. En gardant le souvenir constant de Dieu, nous devenons pareil à Lui.

Certains se disent : « Quand les autres seront bons, je changerai, je deviendrai bon. » Cela revient à vouloir se baigner dans l'océan une fois que toutes les vagues auront disparu. Ne perdons jamais une occasion de faire du bien aux autres, de les aider. L'idée que certains ne nous ont pas rendu le bien que nous leur avons fait ne doit pas nous arrêter.

Il s'agit de faire grandir la compassion dans notre coeur. Elle devrait briller à travers chacune de nos pensées et de nos paroles.

## Les actions et leurs fruits

Nos yeux adaptent leur vision selon la proximité ou l'éloignement de l'objet. C'est ce qui nous permet de voir. Nous devrions faire comme eux et cultiver un mental capable de s'adapter à n'importe quelle situation. C'est possible, grâce à la spiritualité. Pour que nous puissions nous adapter aux diverses situations, il faut que notre cœur soit en paix. Seule la méditation nous procure une paix réelle.

Nous sommes actuellement réduits à l'état de machines. Il ne devrait pas en être ainsi. Réveillons-nous, développons notre discernement. Si la conduite de la vie ordinaire est comparable à celle d'une automobile sur une route, dans la vie spirituelle, nous devenons des pilotes d'avion. Une voiture ne se déplace que sur le sol et ne peut pas décoller. Les avions, eux, ne roulent sur la piste que pour prendre leur envol. Une fois parvenus à de hautes altitudes, nous sommes capables d'être témoins de tout ce qui se déroule autour de nous.

Beaucoup de gens disent qu'ils n'ont, à leur connaissance, rien fait de mal et que pourtant, ils souffrent. Une chose est sûre : nos expériences sont uniquement les fruits de nos actions. Il est impossible d'y échapper. Si on libère un veau au milieu de mille vaches, il retrouvera sa mère. Ainsi, les fruits de nos actes n'atteignent que nous. Dieu n'a jamais créé personne à seule fin de le punir.

Un couple avait trois fils, tous diplômés de l'université. La mort faucha soudainement les parents avant que leurs enfants aient eu le temps de trouver un emploi. Un homme riche eut pitié d'eux, les invita à venir vivre chez lui et les embaucha dans son entreprise. Il confia à chacun des trois jeunes un poste équivalent. L'un d'eux accepta des pots de vin. Son patron le mit en garde plusieurs fois, mais il ne changea rien à sa conduite. Alors, comme il n'était pas qualifié pour un emploi important, on lui donna un travail de porteur. Le second des frères était discipliné et honnête. Mais à la fin du mois, sans attendre un jour de plus, il allait régulièrement toucher son salaire. Comme il était honnête et discipliné, le patron lui offrit une promotion. Le troisième frère était différent. Comme le second, il accomplissait son travail avec honnêteté et discipline, mais il refusait le salaire mensuel qu'on lui offrait en disant : « Vous m'avez donné ce travail et un foyer. Vous m'avez fourni de la nourriture, des vêtements et tout ce dont j'avais besoin, alors pourquoi me faudrait-il en plus un salaire ? » Quelque temps plus tard, le riche bienfaiteur mourut. Dans son testament, il léguait toute sa fortune au jeune homme qui travaillait sans rétribution. Pour finir, celui qui travaillait honnêtement reçut une promotion, celui qui était corrompu dut faire le travail subalterne d'un porteur, tandis que celui qui travaillait selon les vœux de son protecteur, sans rien désirer pour lui-même, hérita de tout. Cela ne se passe pas autrement pour nous. Nos expériences sont les fruits de nos actes.

Il se passe uniquement deux choses dans notre vie : nous agissons et nous recueillons les fruits de nos actes. Les actions bénéfiques produisent de bons fruits et les actions néfastes en donnent de mauvais. Nous n'agissons pas seulement avec les mains et les pieds. Une pensée est aussi une action. Dire du mal d'autrui est une action qui engendre de la souffrance.

Toutefois, dans les moments de souffrance, ne nous affligeons pas à l'idée que nous sommes des pécheurs. Comprenons que nous récoltons le fruit d'actions nuisibles accomplies dans le passé et qu'il s'agit de ne pas recommencer. Prenons la décision de faire de bonnes actions pendant le reste de nos jours. Inutile de se juger et de se condamner en tant que pécheur, bon à rien, etc. Abandonnez tout à la volonté divine, cultivez la compassion, consacrez votre vie au service de l'humanité. C'est le moyen le plus facile de trouver la paix.

Mes enfants, sachez que rien n'arrive conformément à notre volonté personnelle. Si nous mettons dix œufs à couver, ils ne vont pas tous éclore. Cela ne se produit jamais. Si notre volonté avait le dessus, nous aurions dix beaux poussins. Il s'agit de tout abandonner à la volonté de Dieu, de développer une attitude d'abandon de nous-mêmes. Tel devrait être le but de notre vie.

Certains objectent : « Votre Krishna ne nous a-t-il pas dit de travailler sans réclamer de salaire ? » Absolument pas. Le Seigneur a simplement dit : « Le résultat de nos actions n'est peut-être pas toujours conforme à nos attentes et si nous nous attachons aux fruits de l'acte, nous risquons d'être déçus. » Il ne nous a pas enjoint de travailler sans salaire. Il nous dit de développer une attitude d'abandon de nous-mêmes afin de recevoir la rémunération juste.

La vie est faite de bonheurs et de chagrins. Elle est pareille au balancier d'une horloge. Le pendule qui oscille vers le bonheur n'y reste pas ; la prochaine oscillation le ramènera vers la souffrance. La spiritualité harmonise les extrêmes. Un bon nageur s'amuse avec les vagues de l'océan tandis que celui qui ne sait pas nager s'y noie. La connaissance des principes de la spiritualité nous permet de garder le sourire quelles que soient les circonstances et d'atteindre à coup sûr le but de la vie. Krishna nous enseigne comment y parvenir sans nous effondrer en route.

### L'amour conjugal

Amma reçoit des gens venus de tous les horizons et leurs problèmes sont divers. L'origine de bien des problèmes familiaux est souvent triviale. Un peu de patience suffirait à résoudre toutes ces difficultés. Un couple qui avait des ennuis est un jour venu voir Amma. La femme perdait de temps en temps son équilibre mental et elle ne se rappelait plus ensuite ce qu'elle avait dit. Cela lui arrivait quand elle était trop tendue. Mais elle aimait réellement son mari. Comme Amma le savait, elle a donné à celui-ci le conseil suivant : « Fils, il suffit que tu fasses un peu attention, c'est tout. Quand ta femme prononce de telles paroles, comprends que c'est à cause de sa maladie et pardonne-lui. Peu à peu, elle va guérir. » Mais le mari n'a pas accepté ces recommandations. « Pourquoi devrais-je lui céder ? N'est-elle pas ma femme ? » Telle était son attitude. Et qu'est-il arrivé ? Leur discorde s'est aggravée et la maladie de sa femme aussi. L'épouse a été reprise par les membres de sa famille et la vie du mari a été brisée. Il s'est mis à boire et a dilapidé ainsi toute sa fortune. Sa vie est devenue un enfer. S'il s'était montré plus compréhensif par rapport à la maladie de sa femme, s'il s'était montré patient et affectueux envers elle, rien de tout cela ne se serait produit. Mes enfants, efforcez-vous de comprendre les situations que vous rencontrez dans la vie.

Quand Amma se rend à l'étranger, les gens lui demandent parfois : « Les femmes ne sont-elles pas traitées comme des esclaves en Inde ? » Amma leur dit : « Pas du tout, en Inde la relation entre mari et femme est fondée sur l'amour. » On dit qu'une femme devrait posséder les qualités d'une mère, d'une amie et d'une épouse. Ces trois aspects devraient être présents. Affirmer qu'une femme ne devrait posséder qu'un de ces aspects est une erreur. Une femme ne devrait pas ressembler à un arbre planté dans un pot (son mari), parce que la croissance d'un tel arbre est limitée. A force d'amputer ses racines, on lui a ôté sa force. Aucun oiseau ne peut nicher dans ses branches, aucun fruit ne peut y pousser. Mais transplantez cet arbre en pleine terre et vous verrez comme il va grandir ! Vous verrez tout son potentiel s'épanouir.

Ainsi, prétendre que les femmes sont faibles est une erreur. Elles sont fortes ! Il suffit de permettre à cette force de se développer, de prendre conscience d'elle-même, au lieu de l'affaiblir à la racine et de limiter sa croissance. Une femme qui développe complètement son potentiel est pareille à un arbre immense, qui donne de l'ombre et qui protège la famille, la société et le pays.

Mari et femme devraient être un seul cœur, une seule âme. Voilà l'attitude qu'il faut cultiver. La vie est faite pour partager, non pour posséder. Amma se rappelle une histoire. Il était une fois un homme qui était fou des courses de chevaux. A force de parier, il perdit toute sa fortune et son affaire fit faillite. Rentré chez lui, il dit à sa femme :

« Ma société a fait banqueroute, que faire maintenant ?

- Eh bien à partir d'aujourd'hui, abstiens-toi d'aller jouer aux courses, dit-elle, nous vivrons de ce qui nous reste.

- D'accord, mais tu dois arrêter d'acheter des vêtements chers.

- Bien, dit-elle, mais nous ne pouvons plus nous permettre d'employer un chauffeur. Heureusement, tu sais conduire.

- C'est juste, a dit le mari, je conduirai la voiture. Il ne nous est plus possible de payer un cuisinier. Je vais donc t'aider à la cuisine quand tu en auras besoin. »

Sa femme accepta avec joie. C'est ainsi qu'ils partagèrent les tâches. Ils renoncèrent aux dépenses inutiles et compensèrent leurs pertes de cette manière. Voilà comment nous devons organiser notre vie.

Devenez un seul cœur, devenez un. La vie n'est pas faite pour se séparer, s'accuser mutuellement et dire : « Qui es-tu pour me dicter ma conduite ? »

L'amour est la richesse de l'Inde. L'amour est le fondement de la vie. Quatre-vingt-dix pour cent des problèmes physiques et mentaux auxquels nous sommes confrontés proviennent des souffrances et des chagrins du passé. Chacun de nous porte des blessures qui ne sont pas guéries. La science médicale n'a pas trouvé de remède capable de guérir ces blessures-là. Il existe pourtant un moyen de les guérir toutes : ouvrir notre cœur à tous.

Confiez vos pensées et vos sentiments à votre conjoint. Faites un effort pour percevoir ses besoins et les satisfaire. Mes chers enfants, quand on développe l'amour et le respect mutuel, les problèmes diminuent. L'amour est le fondement de la vie. La source de tous nos problèmes actuels c'est que, consciemment ou pas, nous l'ignorons. Si le corps a besoin de nourriture pour grandir, l'âme a besoin d'amour. L'amour insuffle au bébé une force et une vitalité que même le lait maternel ne peut pas lui donner.

Donc, mes enfants, aimez-vous les uns les autres et recherchez l'unité. Tel est le souhait d'Amma. Tel est l'idéal que les enfants d'Amma devraient nourrir.

### Le vœu du jour de l'indépendance

L'Inde a récemment célébré le cinquantième anniversaire de son indépendance. Amma se trouvait à l'étranger à ce moment-là. Chaque fois que nous prenions l'avion pour aller d'une ville à l'autre, ceux qui accompagnaient Amma lisaient les journaux et lui disaient avec tristesse : « Amma, vois ce qu'ils écrivent au sujet de l'Inde ! Ils disent que le pays n'a fait aucun progrès, que partout règnent la pollution et la famine. Ils amplifient les problèmes. »

Tous les trois jours nous changions de ville. Et partout, les articles concernant l'Inde étaient des critiques négatives condamnant le pays. Il n'y avait rien de positif. Finalement, nous sommes arrivés en Europe, et là, un journal avait publié les lignes suivantes : « On ne peut nier le fait que l'Inde a progressé. Si on compare la situation actuelle avec celle du pays lorsqu'il a obtenu son indépendance, il y a bien eu un certain progrès. » Voilà la seule chose positive qu'il nous fut donnée de lire après tant de jours.

Alors que faire pour célébrer le cinquantième anniversaire de l'indépendance de l'Inde dans ce contexte ? Ceux d'entre vous qui fument ou qui boivent devraient faire le vœu d'arrêter. Si vous réunissez l'argent que vous dépensiez auparavant inutilement, nous pourrons remplacer les huttes fragiles des villages par de vraies maisons et financer l'éducation d'enfants pauvres. Tant d'enfants sont obligés d'interrompre leur scolarité parce qu'ils ne peuvent pas payer l'école. Et les adolescents parmi les enfants d'Amma peuvent par exemple nettoyer les caniveaux et contribuer ainsi à réduire la pollution de l'atmosphère dans les villages et aux alentours. Si chacun d'entre nous y met du sien, nous pouvons faire de Bharat[29] un pays prospère.

Nous avons le pouvoir de créer un paradis sur terre. Si les citoyens riches de ce pays souhaitent sauver les autres de la misère, cela ne leur sera pas difficile. Mais rares sont ceux que nous voyons faire un effort en ce sens. C'est donc à vous de frayer la voie, mes enfants!

Comme Amma l'a déjà dit, soyez prêts à agir sans attendre de résultat. Cela ne signifie pas qu'il faut renoncer à tout. Mangez, parlez et dormez selon vos besoins ; il est égoïste de faire des excès dans ces domaines. On dit que fumer et boire procure un certain bonheur. Mais le bonheur réel se trouve en nous, il ne se trouve pas dans les objets extérieurs. Une fois que nous avons bien compris cela, ce genre d'addiction disparaît. Nous pouvons alors mettre cet argent de côté pour aider les pauvres, ce qui nous rend aptes à recevoir la grâce de Dieu et sa compassion[30].

---

[29] Le nom traditionnel de l'Inde

[30] Note de l'éditeur : Amma dit que la grâce de Dieu se répand sur nous à chaque instant mais que pour la recevoir, il faut que notre cœur soit ouvert.

C'est alors que notre vie sera bénéfique pour autrui. Mes enfants, au moins à partir de maintenant, ne donnez pas aux journaux étrangers la possibilité de publier des articles accusateurs ! Faites ce vœu aujourd'hui !

Les fêtes d'anniversaire sont sans intérêt pour Amma. Comprenez le but de votre naissance, mes enfants, c'est cela qui est nécessaire. Si quelqu'un est sincèrement désireux de l'atteindre, c'est pour Amma une joie bien plus grande que n'importe quelle fête d'anniversaire.

Beaucoup de ceux qui sont venus voir Amma ont décidé de mener une vie de renoncement. Beaucoup ont arrêté de boire ou ont renoncé à leur train de vie luxueux. C'est ainsi que nous avons eu la chance de pouvoir œuvrer considérablement pour le bien de la société. Si vous tous, mes enfants, avez ce même état d'esprit, nous pouvons faire de la terre un paradis. Puisse Dieu vous bénir et vous accorder la force mentale nécessaire.

---

« Devenir apte à recevoir la grâce de Dieu » dans ce contexte, revient à dire « avoir le cœur ouvert. »

# Voir son propre Soi en tous les êtres vivants

*Message d'anniversaire d'Amma 1998*

Salutations à vous tous qui êtes en vérité des incarnations de l'amour et du Soi suprême !

Mes enfants, commençons par chanter ensemble le mantra *Lokah samastah sukhino bhavantu*.

Les inondations, les tempêtes, les glissements de terrain, etc. font de nombreuses victimes, non seulement en Inde mais aussi dans d'autres parties du monde. Les guerres entre nations et les guerres civiles engendrent des souffrances terribles pour des milliers de gens. Nous n'avons pas réussi à nous libérer de ces fléaux. En de telles circonstances, l'idée d'organiser une fête ne plaît pas à Amma. Elle considère cependant cette célébration comme une occasion de se réunir et de prier. La prière de groupe a une grande valeur et peut sans aucun doute apporter des changements à la situation pitoyable qui est la nôtre aujourd'hui. Fermez donc les yeux, prions pour que partout, tous les êtres vivants retrouvent la paix et le bonheur en répétant le mantra *Om lokah samastah sukhino bhavantu*.

## Partager

Ce mantra nous a été donné par les *rishis*, nos ancêtres. Nous ne le récitons pas seulement pour notre bien personnel ou celui de notre famille. Le sens de cette prière est : « O Être suprême, puissent tous les êtres vivants dans tous les mondes connaître la paix et le bonheur ! » Mais, mes enfants, examinons notre cœur, voyons s'il est assez ouvert pour que nous puissions dire cette prière.

Amma se rappelle une histoire. Un homme qui vient de perdre sa femme fait appeler un prêtre afin qu'il accomplisse un

*Amma pendant une fête d'anniversaire*

rituel pour la paix de son âme. Pendant la cérémonie, le prêtre récite le mantra *Om lokah samastah sukhino bhavantu*. Le veuf, qui ignore la signification du mantra, demande donc au prêtre : « Quel est le sens du mantra que vous venez de réciter ? » Et le prêtre répond : « O Être suprême, puissent tous les êtres vivants dans tous les mondes connaître la paix et le bonheur ! C'est le sens de cette prière. »

A ces paroles, notre homme s'exclame :

« Est-ce que je ne vous ai pas demandé de venir ici prier pour la paix de l'âme de ma femme ? Le mantra que vous venez de réciter ne mentionne pas son nom et ne parle pas de son âme ! »

« C'est la prière que m'a enseignée mon maître spirituel », répliqua le prêtre. « En vérité, c'est quand nous prions pour le monde entier que l'âme de votre femme peut connaître la paix et s'élever. Je ne connais pas d'autre manière de prier. »

Le mari n'a rien pu répliquer à cela mais il a dit : « Ne pouvez-vous pas au moins exclure de votre prière mes voisins, ceux qui habitent au nord de ma propriété ? Ils ont manifesté beaucoup d'hostilité envers nous. Vous pouvez prier pour tout le monde, mais pas pour eux ! »

Mes enfants, voilà notre attitude actuelle mais ce n'est pas celle qu'il faut entretenir. Elle doit changer, toute notre vision du monde doit changer. Il ne suffit pas de réciter ces mantras, ce sont des principes qu'il faut appliquer dans nos vies. Alors seulement, la vision de nos ancêtres prendra corps et nos prières porteront leurs fruits.

La méditation apporte la prospérité, la paix et la libération. Quand vous méditez, essayez d'oublier tout le reste. Restez assis à méditer un moment, en oubliant tout. Que gagnerez-vous à méditer si vous songez à vos affaires de famille ? Vous ne ferez que perdre votre temps. Vous aurez beau ramer, si le bateau est encore à l'amarre, jamais vous ne traverserez la rivière.

Oublions le « moi » et le « mien » et abandonnons tout à Dieu. Dieu est tout. « Les choses ne se déroulent pas conformément à mes intentions, tout ce qui arrive n'est-il pas Ta volonté ? » Reconnaissons cette vérité et abandonnons tout à Dieu. Vivons dans le moment présent. Nous n'apportons rien avec nous en venant au monde et nous n'emporterons rien non plus en le quittant. Soyons-en conscients et pratiquons la méditation. Dès que vous commencez à répéter un mantra, vous en recevez les bienfaits. C'est comme un placement garanti à la banque. Dès que vous avez déposé l'argent, il vous rapporte des intérêts. Ne pensez pas que la méditation se limite à rester assis les yeux fermés. Un visage souriant, une parole aimable, un regard rempli de compassion, tout cela fait partie de la méditation. Grâce à la méditation, notre cœur devrait se remplir de compassion. Dieu ne peut briller que dans un tel cœur ! Ressentons la souffrance d'autrui, partageons-la. A ce propos, Amma se rappelle une histoire.

Un petit garçon voit dans la vitrine d'un magasin une pancarte qui dit : « Chiots à vendre ! » Comme il désire très fort avoir un petit chien, il entre. Il demande le prix et on lui répond : entre cent et deux cents euros. « Je n'ai pas assez d'argent pour acheter un chiot, mais est-ce que je peux au moins les voir ? » demande-t-il. Le commerçant ne peut pas refuser. A son coup de sifflet, une portée de chiots arrive en courant de l'arrière-boutique avec leur mère. Le garçon les regarde avec intérêt. Quand il aperçoit le dernier chiot qui boite derrière les autres, il s'exclame :

« Oh, regardez, qu'est-il arrivé à celui-là ? »

Le boutiquier lui dit :

« Il est né avec une jambe paralysée. Le vétérinaire a dit qu'il ne guérirait pas. »

Regardant avec pitié le chiot qui boitille, le garçon demande : « Est-ce que vous voulez bien me vendre celui-là ? Je ne peux pas vous le payer tout d'un coup. Je peux vous donner une partie de la somme maintenant, puis je vous paierai des mensualités. »

Le commerçant fut très surpris. « Mon enfant, pourquoi veux-tu justement celui-là ? Il ne pourra pas courir et jouer avec toi. Est-ce que tu ne préfères pas en prendre un autre ? »

Mais le garçon insista pour acheter le chiot infirme.

« Alors tu n'as pas besoin de le payer, tu peux l'avoir gratuitement ! », dit le boutiquier.

« Non, je veux l'acheter au même prix que les autres » répliqua le garçon fermement. Quand le commerçant lui demanda pourquoi il faisait tant de cas d'un petit chiot boiteux, il mit sa jambe sur la table, releva son pantalon et montra sa jambe artificielle.

« Voyez, moi aussi il me manque une jambe ! Alors nos cœurs vont se comprendre ! Je compatirai à sa souffrance et lui à la mienne. »

Il n'est pas nécessaire de passer par les mêmes épreuves que l'autre pour comprendre sa souffrance, même si Amma a présenté les choses ainsi dans cette histoire. Nous pouvons ressentir la douleur d'autrui sans endurer les mêmes souffrances. Efforcez-vous de percevoir la douleur et le bonheur des autres comme les vôtres. Voilà l'attitude qu'il nous faut cultiver. Amma sait que c'est difficile, mais essayez, mes enfants.

L'Inde a un milliard d'habitants. Un quart d'entre eux seulement sont à l'aise financièrement. La moitié de ceux qui restent sont de petits paysans et le reste vit dans la misère. Il n'y a en fait pas de raison pour qu'il y ait des pauvres dans ce pays. Mes enfants, il est possible de changer la situation actuelle si les gens tels que vous s'associent pour y remédier. Vous savez que nous n'avons jamais demandé d'aide, nous n'avons pas non plus fait de collecte pour développer l'ashram. S'il a grandi, c'est grâce à vos efforts, mes enfants. Votre dur labeur, voilà ce qui a frayé la voie à toutes les activités caritatives que nous avons entreprises. Des gens tels que vous et les résidents de l'ashram ont travaillé jusqu'à vingt-deux heures par jour. Vous avez travaillé sans salaire, sans rien attendre en retour, en réduisant vos besoins à deux tenues vestimentaires, en prenant deux repas par jour au lieu de trois. Vous avez consacré tout l'argent économisé de cette manière au service de la société. Les dévots qui ne résident pas à l'ashram font ce qu'ils peuvent pour servir. Beaucoup de femmes qui avaient l'habitude d'acheter dix saris par an n'en achètent plus que huit. Ceux qui fumaient et buvaient y ont renoncé. Si nous avons pu servir ainsi les pauvres et les malheureux, c'est grâce à l'altruisme dont vous avez fait preuve. Si chacun de nous s'implique ainsi, nous pourrons apporter assurément un changement partiel, sinon total, à la situation. Vous direz peut-être : « Mais si on prend une goutte d'eau dans l'océan pour la mettre sur la terre, cela ne fera sûrement aucune différence. »

Et pourtant si, car il y aura alors une goutte de moins dans l'océan ! Ainsi, si chacun de nous essaye de faire quelque chose de bien, nous percevrons certainement une différence au niveau de la société. Voilà l'attitude que vous devez cultiver, mes enfants !

## Abandonnez l'égoïsme

Si nous réussissons à faire autant pour le bien de la société, c'est parce que les enfants d'Amma sont prêts à vivre en accord avec le sens du mantra que nous récitons. Mais c'est l'égoïsme qui gouverne aujourd'hui le monde. Derrière l'amour que nous voyons dans le monde se cache l'égoïsme.

Voici l'histoire d'une famille. Deux fils disent à leur père : « Papa, on va s'occuper de toi. Pourquoi ne pas mettre ta maison et tous tes biens à notre nom ?»

Confiant dans les paroles tendres de ses enfants, le vieil homme leur fait don de tous ses biens. Il pensait que ses fils allaient se relayer et qu'il passerait deux mois en alternance avec chacun d'eux. Une fois le partage des biens terminé, il va vivre chez l'un d'eux. Mais après seulement deux semaines, voilà que l'attitude de son fils et de sa belle-fille envers lui se met à changer. Il part donc s'installer chez son autre fils. Cinq jours plus tard, il se rend compte qu'il ne peut pas rester : il ne supporte pas les remarques cinglantes de sa belle-fille. Il n'arrête pas de pleurer. Il se réfugie finalement dans un ashram. Après avoir écouté son histoire, le maître qui dirige l'ashram lui donne un conseil. Un mois plus tard, le père retourne chez ses fils porteur d'un coffret. Les fils, impatients d'en connaître le contenu, questionnent leur père qui répond : « J'ai converti une partie de ma fortune en or et je le garde dans ce coffret. Mais je ne le donnerai à personne avant ma mort. Quand je serai mort, l'un d'entre vous pourra l'avoir. » A l'instant même, le comportement des enfants se modifie. Ils n'ont pas de mots pour exprimer l'amour qu'ils ressentent soudain pour leur père. Les deux fils et leurs épouses insistent pour qu'il vienne vivre avec eux.

« Papa, viens, viens vivre dans notre maison ! »

Ils rivalisent d'hospitalité. Finalement le jour arrive où le vieil homme rend l'âme ; après l'enterrement, les fils se précipitent pour ouvrir le coffret qu'ils convoitaient depuis si longtemps. Ils soulèvent le couvercle, pleins d'espoir : le coffret était rempli de cailloux !

Mes enfants, voilà l'amour que nous recevons du monde. Si nous attendons quoi que ce soit de ce monde, cela se terminera dans les larmes.

Mes enfants, vos efforts nous ont permis de réussir ce que nous avons entrepris. Vous êtes mes enfants ! Vous êtes la seule fortune d'Amma. Elle ne possède rien. Tout ce que nous voyons aujourd'hui est le fruit de votre altruisme. Alors, rappelez-vous bien ceci, mes enfants : si la moindre parcelle d'égoïsme pénètre dans votre esprit, vous devez vous en libérer par n'importe quel moyen. Une étincelle suffit à allumer un incendie capable de réduire en cendres une forêt. L'égoïsme est tout aussi puissant. La moindre trace d'égoïsme peut ruiner notre paix intérieure de fond en comble.

De temps en temps des femmes viennent ici, avec deux ou trois petits enfants dans les bras. Quand Amma leur demande ce qui ne va pas, elles répondent : « Amma, je suis sortie de la maison pour me suicider avec mes enfants. Puis on m'a parlé d'Amma, alors je suis venue ici. » Quand Amma veut en savoir plus, ces femmes répondent : « Amma, mon mari boit et il se drogue. Comme il boit, il arrive toujours en retard à son travail et il a perdu son emploi. Il a tout de même continué à boire. Il a fini par vendre notre maison, la propriété, mes bijoux, tout. Nous n'avions plus rien à manger. Personne ne nous sourit, tout le monde nous déteste. Partout, je n'ai rencontré que des regards pleins de mépris. A la fin, je ne voyais plus d'autre issue que la mort. Je suis donc partie pour mourir avec mes enfants. Mais au lieu de cela, je t'ai trouvée, Amma ! »

Amma va vous dire une chose : ce n'est pas de l'alcool ni des drogues que ces hommes consomment, ils boivent les larmes et le sang de leurs proches.

Le pêcheur lance sa ligne et attend. Le poisson mord à l'hameçon et se dit : « Magnifique ! Voilà ma nourriture pour aujourd'hui ! » Il ne se rend pas compte qu'il est dans les griffes de la mort.

Un chien prend un os, le ronge avec avidité et savoure le sang qui en sort. C'est ensuite qu'il comprend que le sang provient de ses gencives déchiquetées. Le bonheur ne se trouve pas dans les objets extérieurs mais à l'intérieur de nous. Mes enfants, il faut que vous le compreniez. Ceux d'entre vous qui ne se soucient que de leur bonheur personnel doivent penser à leur famille, au moins quelques instants ! Si vous fumez cinq cigarettes par jour, essayez de diminuer et d'en fumer deux de moins ! En réduisant peu à peu, vous pouvez éliminer complètement cette habitude. Et ceux qui boivent devraient cesser de fréquenter les bars. Comprenez que boire ne vous rendra jamais vraiment heureux ; retrouvez ainsi vos forces en prenant conscience que le bonheur ne se trouve pas dans l'alcool. Un être courageux cherche le bonheur à l'intérieur de lui-même. Mes enfants, ne soyez pas esclaves de l'alcool ou de la cigarette. Ceux qui en sont dépendants n'ont aucun courage, ce sont des lâches. Le vrai courage, c'est de maîtriser son mental. Nous n'avons pas besoin de prendre appui sur quoi que ce soit. Ayons la force qui nous permettra d'être indépendants. Chacune de nos respirations devrait être bénéfique aux autres. Prenons cette résolution intérieure. C'est tout ce que désire Amma.

## Faire face aux expériences difficiles

Nous affrontons généralement les situations difficiles en optant pour une de ces trois solutions :

1 Nous prenons la fuite.

2 Nous nous efforçons de changer les circonstances en croyant que le changement permettra de résoudre tous nos problèmes.

3 Nous maudissons les circonstances et continuons tant bien que mal notre route.

Il est impossible d'éviter les problèmes en les fuyant. En fait, cela ne fait parfois qu'aggraver les choses. Une histoire vient à l'esprit d'Amma. Un homme a entendu dire que son oncle, un ancien soldat qui raconte ses souvenirs de guerre pendant des heures, allait venir lui rendre visite ; il décide de s'absenter pour ne pas perdre son temps et prend la poudre d'escampette par un petit chemin qui passe derrière la maison. Mais voilà que tout à coup, sur le sentier, il se trouve nez à nez avec son oncle qui vient de la direction opposée ! Dès qu'il aperçoit son neveu, l'oncle s'arrête et commence à parler. La conversation dure longtemps, au beau milieu du chemin. Au bout d'un moment, le neveu a très chaud, il a soif et il a mal aux pieds. Mais il n'y a pas d'eau à proximité, pas d'arbre pour se mettre à l'ombre et pas de banc. Il réalise que s'il était resté chez lui, il serait confortablement assis à l'ombre avec son oncle et qu'il aurait au moins de l'eau à volonté. La morale de cette histoire, c'est qu'en essayant de fuir certaines situations, on court le risque d'aggraver les choses.

La seconde approche consiste à changer l'environnement. Si la paix ne règne pas dans le foyer, les membres de la famille se disent que la maison ne leur convient pas. « Peut-être que nous devrions l'abattre et la reconstruire. Ou bien faut-il acheter une autre maison ? Ou bien encore une nouvelle télé, et quelques petites choses supplémentaires et redécorer la maison ? Nous pourrions installer l'air conditionné. » Rien de tout cela ne résoudra notre problème. Certains n'arrivent pas à dormir alors même que leur chambre est luxueuse, climatisée, et ils sont obligés de prendre des somnifères. C'est que leurs problèmes se trouvent dans le mental. La spiritualité est l'art de climatiser le mental. Quelques changements dans notre cadre de vie ne résoudront pas les problèmes. Cela ne signifie pas qu'il ne faut rien modifier à l'environnement, Amma dit simplement qu'il faut aussi changer notre constitution mentale. C'est ce que nous enseigne la spiritualité.

Un changement de décor n'efface pas les problèmes. Un couple était déchiré par de constantes disputes. Le mari et la femme ont finalement décidé qu'ils ne pouvaient plus vivre ensemble et ils ont divorcé. Quelque temps plus tard, ils se sont remariés. Mais ils ont très vite découvert qu'ils avaient épousé leur ex-conjoint sous une autre forme ! Les personnes étaient différentes, mais leur mental, lui, n'avait pas changé. Tant que notre mental reste le même, il est impossible de résoudre nos problèmes en changeant les conditions extérieures.

La troisième façon dont nous affrontons généralement les situations difficiles, c'est de nous plaindre sans cesse. Un garçon qui avait mal au ventre geignait continuellement : « Maman, papa, j'ai un terrible mal de ventre ! Frère, sœurette, cette douleur est intolérable ! » Ils ont fini par avoir tous mal au ventre. Nos gémissements constants détruisent aussi la paix intérieure des autres.

Il existe cependant une quatrième voie, un moyen de surmonter les situations difficiles : changer notre état d'esprit. C'est la seule façon de trouver la vraie joie. Il est impossible de transformer complètement notre environnement pour l'adapter à nos besoins. C'est donc l'inverse qu'il faut faire : changer notre état d'esprit et nous adapter au monde extérieur. Cela n'est possible que grâce à la spiritualité.

C'est là que les textes spirituels prennent toute leur importance. Qu'est-ce que le Seigneur Krishna a montré à Arjuna[31] ? Krishna n'a pas modifié le monde extérieur, il a changé l'état d'esprit d'Arjuna.

S'il l'avait voulu, il aurait pu créer une tornade ou un déluge pour tuer Duryodhana, l'ennemi du *dharma*, et ses partisans. Il aurait pu utiliser n'importe quelle méthode pour les anéantir et remettre le royaume aux Pandavas. Krishna en avait le pouvoir. Pourtant, il n'a rien changé aux circonstances. Il a transformé l'attitude d'Arjuna face au monde. Il lui a enseigné comment comprendre la nature de la vie, comment affronter toutes les situations. Cultivons une disposition intérieure qui nous permette de prier pour la paix et l'harmonie du monde entier.

Rappelez-vous la scène du Ramayana : Sri Rama pénètre dans la salle où Sita s'apprêtait à choisir un époux[32].

---

[31] Arjuna était l'un des cinq frères Pandavas. L'enseignement donné par Sri Krishna à Arjuna au début de la guerre du Mahabharata forme la Bhagavad Gita qui contient l'essence de la sagesse spirituelle appliquée à notre vie quotidienne.

[32] Le père de Sita, le roi Janaka de Mithila, déclara qu'il ne donnerait sa fille en mariage qu'au roi ou au prince capable de bander un arc qui, à l'origine,

Dès que les citoyens de Mithila ont vu Rama, ils ont prié : « Comme il est beau et fort, Dieu l'a béni en lui octroyant toutes les vertus ! Seigneur, nous T'en prions, donne-lui la force de bander cet arc ! » Quand Rama a fait son entrée, tous les rois venus dans l'espoir d'obtenir la main de Sita ont maudit intérieurement Rama : « Pourquoi fallait-il qu'il vienne ? Va-t-il me voler ma chance ? Je doute fort de réussir à épouser Sita. Si seulement il partait ! » Et quand Sita a vu Rama, elle a prié : « O Seigneur, pourquoi as-Tu fabriqué un arc aussi lourd ? Ne pourrais-Tu pas le rendre un peu plus léger ? » Sita a prié pour que les circonstances changent.

Mais la prière des habitants de Mithila était juste, leur attitude était correcte. Ils n'ont pas prié pour changer quoi que ce soit mais pour que Dieu donne à Rama la force de bander l'arc divin. Quelle que soit la situation, prions uniquement pour que Dieu nous donne le courage d'y faire face, sans toutefois nous comporter de manière infantile.

Un garçon est allé au temple et a prié : « Seigneur, fais que la Chine soit la capitale de l'Amérique ! » Quelqu'un qui se trouvait près de lui l'a entendu et lui a demandé pourquoi il faisait cette étrange prière. Le garçon a répondu : « A l'examen, j'ai écrit que la Chine était la capitale de l'Amérique ! Mais c'est faux. Alors je prie pour que Dieu change les choses et que ma réponse devienne juste ! »

Voilà un comportement infantile. Evitons ce genre d'enfantillages mais essayons d'avoir le cœur et l'innocence d'un enfant. L'infantilisme provient d'un manque de discernement et nous rend immature. Si vous prenez des cours de natation et que le maître nageur reste toujours à vos côtés, vous n'apprendrez jamais à nager seul. Il faut trouver la force intérieure de survivre en toutes

---

appartenait à Shiva. Beaucoup de prétendants royaux vinrent à Mithila pour tenter d'accomplir cet exploit et de gagner la main de Sita.

circonstances. La seule manière d'y parvenir est de changer notre état d'esprit. Ne gâchez pas votre vie à déplorer les circonstances extérieures, à déprimer parce que vous n'avez pas le pouvoir de les changer. Certains roulent dans des voitures de luxe sans pourtant connaître la paix. A quoi bon ?

Il ne suffit pas de changer les circonstances extérieures. Certains riches se suicident dans leurs chambres climatisées. Si nous transformons notre mental, nous serons capables d'affronter n'importe quelle situation avec le sourire. Au lieu de chercher l'appui et la consolation des autres, ayons foi en nous-mêmes. Cela seul peut nous apporter réconfort et satisfaction. Le premier pas, c'est donc de changer notre attitude intérieure actuelle. Voilà ce qu'il faut demander dans nos prières.

## Communiquer la bonté

Mes enfants, nous ne sommes pas des îles que rien ne relie. Chacun de nous est un anneau dans la chaîne de la vie. Que nous en ayons conscience ou non, chacune de nos actions influence les autres et inversement. C'est pourquoi il nous faut faire montre d'une vigilance constante dans nos paroles et dans nos actes.

Un voyageur monte dans un bus et quelle n'est pas sa surprise de trouver le contrôleur calme et joyeux. Il sourit aux passagers, s'assure que le bus s'arrête bien aux endroits prévus, attend que tout le monde soit monté avant de tirer la sonnette qui indique au chauffeur qu'il peut repartir et vend les billets avec une grande efficacité. Le bus est bondé, les passagers pas toujours agréables mais cela n'affecte en rien son humeur. Le voyageur le remarque et lui demande : « Le bus est bondé, comment faites-vous pour rester calme et garder le sourire dans de telles conditions ? Je n'ai encore jamais vu cela dans un bus. Quel est votre secret ? »

Le contrôleur sourit et répond : « Il n'y a pas de grand secret. C'est simplement la leçon que la vie m'a enseignée. Je travaillais dans un bureau et je prenais le bus tous les jours. Le bus s'arrêtait souvent un peu plus loin que l'arrêt officiel. Je courais et au moment où j'allais monter dans le bus, il démarrait et je le manquais. Ou bien le contrôleur tirait la sonnette juste au moment où j'atteignais le bus et il m'était difficile d'y grimper sans perdre l'équilibre. Le contrôleur ne prenait généralement pas la peine de me rendre la monnaie et si je la lui réclamais, il me la donnait avec amertume. Ou bien encore, si je n'avais pas la monnaie exacte, il se mettait en colère. De tels incidents me faisaient presque perdre le contrôle de moi-même. Mais comme je me disais qu'il me faudrait prendre le même bus le lendemain, je dominais ma colère. J'arrivais donc au bureau avec toute cette colère contenue. Je n'étais pas aimable et je ne souriais à personne, si bien que les gens se montraient désagréables envers moi. En conséquence, je n'étais pas assez attentif dans mon travail. J'étais si tendu que je faisais beaucoup d'erreurs et que le patron me disputait. Et quand je rentrais le soir chez moi, j'apportais tout cela avec moi et je passais mes nerfs sur ma famille. Je me mettais en colère contre les enfants et me disputais avec ma femme. Notre foyer ne connaissait pas la paix. Je ne manifestais plus aucune affection à mes enfants et je n'ouvrais pas mon cœur à ma femme. J'étais devenu solitaire, aussi bien chez moi qu'en société.

Et puis un jour, je suis arrivé à l'arrêt du bus au moment où il repartait. Le contrôleur m'a vu et il a arrêté le bus en tirant la sonnette. Il a attendu que je sois monté pour donner le signal du départ. Il n'y avait pas de place assise mais il m'a cédé la sienne. J'ai ressenti une joie inexprimable. J'étais très fatigué et je me suis endormi en route. Mais juste avant mon arrêt, le contrôleur m'a réveillé pour que je puisse descendre. Je n'avais jamais vu ce contrôleur auparavant. Je ne peux pas vous décrire le réconfort que m'a apporté sa gentillesse. Imaginez que vous ayez très soif et que l'on vous offre un verre d'eau fraîche. Le soulagement que j'ai ressenti était encore plus grand. C'est avec une joie inouïe que je suis descendu du bus pour aller au bureau. Et tout le monde m'a souri, ce qui était inhabituel. J'ai pu accomplir mon travail avec soin ce jour-là et le directeur m'a complimenté. Je me suis montré très avenant envers mes subordonnés, qui sont devenus chaleureux car ils étaient heureux. Et ils ont été très aimables avec ceux qui entraient dans le bureau. Chez moi, j'ai pu être affectueux et ouvert avec ma femme et mes enfants. Une atmosphère de fête régnait dans la maison et j'étais si heureux que j'en ai oublié tout le reste. J'ai pris conscience de la métamorphose qu'avait créée dans mon entourage la transformation qui s'était opérée en moi, la transformation d'une seule personne.

A partir de ce jour, j'ai commencé à faire très attention à mon propre comportement. J'en ai retiré la conviction suivante : ce qui nous arrive est exactement conforme à nos propres actions. Je ne peux pas exiger que les autres deviennent bons avant d'être moi-même capable de bonté. J'ai appris que je pouvais m'améliorer même si les autres, eux, ne le faisaient pas et que si moi, j'étais bon, ils en seraient transformés. Puis, quand j'ai été embauché pour ce travail dans le bus, je me suis rappelé le contrôleur qui m'avait montré l'exemple. J'ai fait le vœu de toujours témoigner du respect aux autres quand je suis en contact avec eux. J'ai pris la ferme résolution d'apporter ma contribution à l'épanouissement de l'amour dans le monde, au sentiment que nous ne formons qu'une seule famille. L'expérience que j'ai faite ce jour-là, quand tout a changé pour moi, demeure une grande leçon. » Voilà l'histoire racontée par le contrôleur.

Mes enfants, la société est constituée d'individus. Les pensées et les actions de chacun façonnent la culture d'un pays. Au lieu de penser : « Je m'améliorerai quand les autres changeront », essayons d'abord d'évoluer. Si notre vision des choses change réellement, nous serons capables de voir le bien partout dans le monde. Quand un changement se produit en nous, il se reflète aussi chez les autres. Mes enfants, rappelez-vous toujours que nous ne recevons que ce que nous donnons. Le cœur pompe du sang et l'envoie dans toutes les cellules du corps qui en sont nourries. Puis le sang revient au cœur. Si quelque chose fait obstacle à ce cycle, la vie elle-même est menacée. Comme le cœur, il nous faut apprendre non seulement à recevoir, mais aussi à redonner. C'est uniquement quand nous donnons que nous recevons en échange. Dans la chaîne de la vie, la faiblesse d'un maillon affecte les autres. Comprenons que chacun de nos sourires, chacune de nos paroles et de nos actions a le pouvoir d'apporter du soleil dans la vie de beaucoup d'autres. Assurons-nous donc que nos actions sèment la joie et la satisfaction non seulement en nous mais aussi autour de nous. Quand nous voyons le mal, il ne s'agit pas de se retirer du monde, déçu ; il ne faut pas non plus que les mauvaises actions accomplies par les autres nous entraînent à les imiter.

Mes enfants, au lieu de maudire les ténèbres, faites l'effort d'apporter un peu de lumière. Si cela n'est pas possible, essayez au moins de ne pas créer de souffrance ni de difficultés pour les autres. Vous vous demandez peut-être comment le faire concrètement. Le moyen le plus facile, c'est d'accomplir chaque action comme une offrande à l'Être suprême. Que dans votre esprit, chacun de vos actes soit une adoration. Ils seront alors une source de joie et de bienfaits pour vous et pour autrui.

Amma se rappelle l'histoire d'un de ses fils spirituels. Il voulait au départ étudier la médecine mais il échoua d'un point à l'examen d'entrée à la faculté de médecine. Pendant un temps, il ne fit plus rien, puis, sur les instances de sa famille, il posa sa candidature à un poste dans une banque et fut embauché comme employé. C'est ensuite qu'il est venu voir Amma et lui a dit : « Amma, je suis constamment en colère. Quel que soit le client, je suis incapable de lui sourire ni de manifester aucun amour. Je ne pense donc pas que je vais pouvoir continuer ce travail. » Il était très angoissé.

« Fils, si ton meilleur ami t'envoyait un client, comment te comporterais-tu envers cette personne ? » a demandé Amma.

« Je serais souriant et attentionné.

– Alors tu serais aimable. Et si Amma elle-même envoyait quelqu'un te voir à la banque ?

– Oh alors, si c'est Amma qui l'envoie, je me montrerais plein d'amour.

– Désormais, imagine que toute personne qui s'adresse à toi est envoyée par Dieu. Si tu y parviens, alors, sans nul doute, tu changeras. »

Un changement réel s'est produit en lui. Il a considéré son travail comme une manière de servir Dieu. Il était heureux et faisait partager son bonheur à ceux qu'il rencontrait. Si nous accomplissons nos actions comme une adoration du Seigneur, ce sera un bienfait non seulement pour nous mais pour l'ensemble de la société. Voilà l'attitude qu'il faut cultiver.

## L'effort allié à la grâce

Mes enfants, notre vie se résume à agir et à récolter le fruit de nos actes. Si nous avons l'attitude juste dans les deux cas, notre vie sera relativement paisible et harmonieuse.

Bien souvent, ce que nous attendions ne se produit pas et ce qui arrive est totalement imprévu. Le fruit d'un acte ne dépend pas seulement de l'action elle-même ; de nombreux autres facteurs entrent en jeu et pour que nous obtenions le résultat désiré, ils doivent être favorables. Tout ce que nous pouvons faire, c'est agir. Faisons donc de notre mieux, sans nous inquiéter du résultat. C'est ce que conseille Krishna dans la Bhagavad Gita. Cela ne signifie pas qu'il faut travailler sans salaire. Si nous agissons sans nous inquiéter du résultat, nous aurons la faculté d'accomplir cette action du mieux possible. Alors les fruits viendront tout naturellement.

Même si nous réussissons bien à un examen, nous n'obtiendrons peut-être pas le résultat escompté si le professeur qui note les copies ou l'employé qui recopie les notes ne sont pas attentifs à leur travail. Un garçon avait étudié avec zèle et il avait bien réussi son examen. Il s'attendait à avoir une des meilleures notes mais lors de la proclamation des résultats, il a découvert qu'il avait tout juste la moyenne. Sans se laisser aller à l'abattement, il a entrepris les démarches nécessaires pour faire réévaluer sa copie et il a eu une bien meilleure note. Une enquête a montré que le professeur qui avait donné la première note était très perturbé à ce moment-là. Sa femme venait de partir avec un autre homme et il en était si affecté qu'il était incapable de corriger correctement. C'est pourquoi, dit Amma, notre succès aux examens ne dépend pas de nos seuls efforts, du zèle que nous mettons à étudier ni de la justesse de nos réponses.

Nous aurons beau faire attention en traversant une route, si un conducteur se montre inattentif, il peut malgré tout nous arriver un accident. C'est pourquoi, pour que tous les facteurs qui déterminent le résultat d'un acte soient en notre faveur, nous avons besoin de la grâce de Dieu. Le moyen le plus facile pour l'obtenir c'est d'accomplir toute action comme une adoration.

Lorsque nous faisons une *puja*, nous nous efforçons naturellement de n'utiliser que des ingrédients et des objets de première qualité. Jamais nous n'offririons des fruits gâtés, des fleurs fanées, jamais nous n'utiliserions des ustensiles sales. Lorsque cette attitude gouvernera toutes nos actions, alors, peu à peu, nous ne pourrons plus accomplir que des actes bénéfiques. Nous ne ferons plus d'actes nuisibles. Comment pourrait-on en effet accomplir de tels actes et les dédier à Dieu ?

Quand on effectue une *puja*, la qualité la plus importante, c'est l'humilité. Si chacune de nos actions est accomplie comme une *puja*, avec l'attitude juste, il nous sera impossible de manifester de l'arrogance ou de l'orgueil. Nous considèrerons toute réussite comme un effet de la grâce de Dieu, au lieu de proclamer qu'elle est le résultat de nos capacités.

A la fin de la *puja*, nous recevons du *prasad*[33]. Considérons nos actions comme une forme d'adoration, acceptons-en le fruit comme un *prasad*. L'humilité qui préside à nos actes doit aussi nous accompagner lorsque nous en recevons les fruits : on accepte le *prasad* sans examiner ses imperfections.

Cela ne signifie pas qu'en cas d'échec, il faut rester les bras croisés et accepter ce revers comme le *prasad* de Dieu. S'il y a une chance de succès, essayons de nouveau. En cas de nouvel échec, acceptons-le comme la volonté de Dieu. Si la réussite nous apparaît clairement comme l'effet de la grâce divine, nous ne serons pas enclins à la vanité. La joie du succès ne nous fera pas perdre la tête. Et en cas d'insuccès, nous ne nous effondrerons pas au point de vouloir disparaître, brisés. Si nous percevons nos revers comme un effet de la volonté de Dieu, nous n'aurons jamais le sentiment d'être des bons à rien. Pensons simplement que c'est ce que nous méritons à ce moment précis et qu'un autre *prarabdha* (le fruit d'une action passée) a été évité de cette manière.

---

[33] Tout objet béni, par exemple de la nourriture ou des fleurs.

Considérons cette expérience comme une leçon et voyons ce que nous pouvons en apprendre.

Si nous utilisons notre discernement, nous pouvons tirer parti de tout ce que nous faisons. Et si notre attitude dans l'action est juste, nous ne connaîtrons pas l'ennui. L'effort enthousiaste allié à la grâce divine amène à coup sûr la victoire. Quoi qu'il arrive, ne perdons jamais espoir. Dieu est toujours avec ceux qui font des efforts... et la victoire aussi.

# La spiritualité mise en pratique

*Message d'anniversaire 1999*

Salutation à tous les enfants d'Amma qui sont en vérité des incarnations de l'amour et du Soi suprême !

Nous sommes à une époque où les discours et les conférences se multiplient dans tout le pays. Il y a des conférences sur la spiritualité, sur la culture, des discours politiques, des discours religieux ou antireligieux, chacun veut s'exprimer sur un sujet ou l'autre. Tout le monde est autorisé à discourir sur n'importe quoi, telle est l'attitude qui prévaut.

Voici l'histoire d'un collégien qui dit à ses amis : « On a un prof fantastique, il est capable de discourir pendant des heures sur n'importe quel thème ; même si le sujet est sans importance, il parle pendant plus de cinq heures. »

Un de ses amis a répliqué : « D'accord, ton prof parle pendant plus de cinq heures sur n'importe quel sujet, mais notre voisin, lui, il n'a pas besoin de thème : il parle pendant des jours sans jamais s'arrêter ! »

Voilà à quoi ressemblent aujourd'hui de nombreux discours. Nous n'avons pas besoin de discours mais d'actes ! Notre vie devrait être notre message. Les bonnes paroles et les bonnes actions sont indubitablement bénéfiques, elles ne sont jamais sans incidence. Une anecdote tirée du Mahabharata illustre ce point.

C'était l'époque où les jeunes Kauravas et Pandavas recevaient l'enseignement du grand maître Dronacharya. La première leçon avait pour thème la patience. Le maître appela un jour tous les disciples et leur demanda de réciter tout ce qu'ils avaient appris jusqu'à présent. Tous récitèrent les leçons apprises par cœur. Quand ce fut le tour de Yuddhishtira, il ne récita qu'une seule phrase. Le maître lui demanda : « Est-ce tout ce que tu as retenu ? » A contrecœur, Yuddhishtira répondit : « Pardonnez-moi, maître, mais je n'ai réussi à apprendre plus ou moins que la première leçon. Je n'ai pas encore pu apprendre la deuxième. » En entendant cela, Drona ne parvint pas à maîtriser sa colère. Il s'attendait à ce que Yuddhishtira soit plus brillant que les autres et voilà qu'il se rappelait à peine deux lignes, tandis que les autres avaient récité des leçons entières. Dans sa colère, Drona prit un bâton et battit Yuddhishtira jusqu'à ce que le bâton se casse en mille morceaux. Mais malgré les coups, Yuddhishtira conservait sa sérénité et il gardait le sourire. Devant cette attitude, la colère de Drona s'apaisa et il regretta ce qu'il avait fait. Il lui dit avec affection : « Mon enfant, tu es prince ! Si tu l'avais voulu, tu aurais pu me punir en me faisant jeter en prison. Pourtant, tu ne l'as pas fait, tu ne t'es pas mis en colère ! Y a-t-il une autre personne au monde capable d'une telle patience ? Tu possèdes la vraie grandeur ! »

Drona se retourna et vit la feuille de palmier sur laquelle Yuddhishtira avait écrit ses leçons. La première ligne disait : « Ne perds jamais patience. » Et la deuxième : « Dis toujours la vérité ! » Quand Drona regarda de nouveau le visage de Yuddhishtira, il lui sembla que les lignes écrites sur la feuille brillaient dans les yeux du jeune prince.

Il prit alors la main de Yuddhishtira et, les yeux brillants de larmes, il lui dit : « Yuddhishtira ! Dans mes leçons, j'ai récité des mots que les autres garçons ont répétés comme des perroquets. Toi seul as réellement appris. Louée soit ta grandeur, mon fils ! Il y a si longtemps que j'enseigne ces textes, sans en avoir assimilé une seule ligne. Je n'ai pas pu maîtriser ma colère ni faire preuve de patience ! »

Yuddhishtira répondit : « Pardonnez-moi, maître, mais j'ai moi-même ressenti *un peu* de colère contre vous. » Drona comprit que Yuddhishtira avait aussi appris la deuxième leçon.

Très rares sont ceux qui demeurent impassibles devant les louanges. Et s'ils ressentent un peu de colère, ils ne l'avoueront jamais. Mais voyez Yuddhishtira : il n'a manifesté aucune réticence à admettre qu'il avait éprouvé un peu de colère. Cela signifie qu'il avait également assimilé la deuxième leçon. C'est seulement lorsque nous sommes capables de mettre une leçon en pratique que nous l'avons vraiment intégrée. Le vrai disciple est celui qui s'efforce d'y parvenir.

La patience est aussi une vertu indispensable parce qu'elle est le fondement même de la vie. Si nous ouvrons de force un bouton de fleur, jamais nous n'en connaîtrons la beauté ni le parfum. Pour qu'ils se révèlent, il faut laisser la fleur s'ouvrir naturellement. Ainsi, sans patience, il est impossible de goûter la beauté de la vie. Celui qui désire mener une vie heureuse a besoin avant tout de patience.

On dit parfois que le feu est la divinité qui préside à la parole. La chaleur, la lumière et la fumée sont dans la nature du feu. Comme le feu apporte chaleur et lumière, chacune de nos paroles devrait apporter aux autres de l'énergie et de la connaissance et ne pas entacher leur esprit comme la fumée qui noircit une pièce.

Les discours actuels sont vraiment régis par le dieu du feu : quand nous les écoutons, nous constatons qu'ils n'émettent que de la chaleur et de la fumée. La sagesse et la lumière en sont totalement absentes. Chacune de nos paroles devrait induire une transformation chez les auditeurs et leur apporter la béatitude. Soyons des modèles pour autrui, car c'est ce qui conférera à nos paroles ce pouvoir transformateur ; elles exprimeront la simplicité et l'humilité. Mais à l'heure actuelle, si nous les examinons, nous n'y trouverons pas la moindre trace d'humilité. Elles indiquent au contraire que nous voulons être meilleurs que les autres. Celui qui est au bas de l'échelle sociale, lui aussi, prend de grands airs devant les autres. Nous ne sommes pas conscients qu'un tel comportement nous ridiculise aux yeux des autres.

Nous négligeons le fait que la véritable grandeur d'un être, c'est son humilité.

Un commandant de l'armée venait d'être promu au rang de colonel. Le jour de son entrée en fonction, quelqu'un entre dans son bureau. Dès son entrée, le colonel décroche le téléphone en prenant un air important : « Allo, c'est le président Clinton à l'appareil ? Comment allez-vous ? J'ai pris mes fonctions aujourd'hui. Il y a de nombreux dossiers à examiner. Bien, je rappellerai plus tard. Mes respects à Hillary. » La conversation terminée, il raccroche. Courtoisement, le visiteur attend que le colonel lui adresse la parole. D'un ton hautain, celui-ci lui demande : « Oui, que voulez-vous ? »

Alors l'homme, très poliment, lui répond : « Excusez-moi, monsieur, je suis venu pour brancher le téléphone. C'est un nouvel appareil que nous avons installé hier mais nous n'avons pas encore effectué le branchement. »

Qui, dans cette histoire, est l'idiot ? Plusieurs fois par jour, nous nous comportons d'une manière comparable, simplement, nous n'en avons pas conscience. Ceux qui se gonflent d'importance se ridiculisent aux yeux des autres.

### Maîtriser la colère

Un autre élément d'importance dans notre vie, c'est de parvenir à contrôler notre colère. La colère est comme un couteau sans manche, qui coupe des deux côtés. Il blesse l'agresseur comme celui qui est agressé. Lorsque nous sommes en colère, il se produit une vraie tempête dans notre esprit ! Il est si agité que nous ne trouvons la paix dans aucune position : assis, debout ou allongé. Notre tension augmente, ce qui ouvre la porte à la maladie. Dans le feu de la colère, nous n'avons pas conscience des changements qui se produisent en nous.

Bien des gens ne sourient qu'après des supputations : « Si je souris à cette personne, cela en fera-t-il un ami ? Va-t-elle me demander de l'argent ? A-t-elle besoin d'argent en ce moment ? » Ils ne se risquent à sourire qu'après avoir pris ces facteurs en considération. Mais il en va autrement de la colère. En un instant, elle nous fait exploser. Dans certaines situations, nous ferons toutefois notre maximum pour nous maîtriser. Généralement, personne ne s'emporte contre un supérieur. Cela risquerait de nous coûter cher et nous le savons. Qu'il soit question de nous transférer ailleurs, de ne pas nous accorder la promotion demandée, ou même de licenciement, nous nous efforçons de garder une parfaite maîtrise de nous-mêmes. Ceux qui en sont incapables ont des ennuis et les autres en tirent la leçon. Mais peu de gens maîtrisent leur colère quand elle se tourne contre leurs subordonnés. C'est pourtant là qu'il est vraiment nécessaire de se maîtriser, puisqu'ils ne peuvent pas répondre et qu'ils dépendent de nous. Extérieurement, ils ne réagissent peut-être pas, mais ils sont blessés et pensent : « O Seigneur ! Me voilà forcé d'entendre toutes ces insultes pour des fautes que je n'ai même pas commises ! O Seigneur, ne vois-Tu pas la vérité ? » Ces vibrations de souffrance émises par leur cœur se transforment ensuite en malédiction à laquelle il n'est pas facile d'échapper.

Certains échouent à leurs examens, alors qu'ils ont travaillé très dur. D'autres se présentent à plusieurs entretiens sans réussir à se faire embaucher. Peut-être ont-ils auparavant gravement blessé quelqu'un et que la prière intense de cette personne est devenue un obstacle, une sorte de malédiction qui bloque la grâce divine que la personne devrait recevoir.

Cela ne signifie pas qu'il ne faut pas réprimander quelqu'un qui le mérite. Il est important de rectifier les erreurs que nous remarquons ; la douceur et la gentillesse ne sont pas des outils qui fonctionnent avec tous ; il faut donc savoir aussi se montrer ferme.

Toutefois, il ne s'agit pas de se tourner contre un individu, mais contre ses erreurs. Ne soyons pas sévères sans nécessité. Soyons attentifs à ne blesser personne, ni en paroles, ni en actes.

Il arrive que dans certaines familles, les décès se succèdent. D'autres connaissent des accidents en série. Certaines jeunes femmes qui reçoivent des propositions de mariage, parfois nombreuses, ne trouvent pas chaussure à leur pied. Certains couples ne peuvent avoir d'enfants et d'autres les perdent jeunes. Dans certaines familles, les femmes se retrouvent veuves à trente ou quarante ans. La seule explication à tous ces évènements, c'est qu'il s'agit du fruit de *karma* passés.

C'est pourquoi Amma ne cesse de répéter qu'il nous faut faire preuve d'une vigilance extrême lorsque nous accomplissons la moindre action, lorsque nous prononçons la moindre parole, lorsque nous lançons le moindre regard et même à la moindre pensée. Chacune de nos pensées, de nos paroles et de nos actions a des conséquences. Chacun de nos actes, bon ou mauvais, a un effet sur les autres. A ce propos, Amma se rappelle une histoire.

Le bouffon de la cour racontait une histoire devant le roi et il fit plusieurs plaisanteries que le celui-ci ne comprit pas. Il crut que le bouffon se moquait de lui, il se mit en colère et le frappa de toutes ses forces. Le pauvre bouffon souffrait terriblement. De colère, il grinçait des dents, mais comme c'était le roi qui l'avait frappé, il n'osa pas dire un mot pour se justifier. Toutefois, comme il n'avait rien fait de mal, en dépit de tous ses efforts, il ne réussit pas à dominer sa colère. Alors il frappa la personne qui se trouvait à côté de lui. L'homme demanda au bouffon : « Pourquoi fais-tu cela ? Je ne t'ai rien fait, alors pourquoi m'as-tu giflé ? »

« Bon, et alors ? Passe à ton voisin ! La vie est une immense roue et à mesure qu'elle tourne, nous voyons que chacun reçoit ce qu'il mérite. N'hésite donc pas à faire passer ! »

## L'amour, le parfum de la vie

Voilà ce que nous observons aujourd'hui autour de nous. Nous passons notre colère sur ceux qui se trouvent à côté de nous alors même qu'ils ignorent peut-être tout de la situation. Ce que nous donnons ainsi nous reviendra un jour, cela ne fait aucun doute. En Occident, si un mari bat sa femme, il arrive souvent qu'elle lui rende les coups. Ce n'est pas le cas en Inde car nos ancêtres nous ont enseigné que l'époux est une forme visible de Dieu. Mais que représente l'épouse pour son mari ? Bien des hommes la considèrent comme un exutoire à leur colère. La femme supporte les coups et les insultes et réprime sa propre colère. Au même moment, son fils rentre de l'école. Il arrive en courant et saute de joie, tout excité, car il a rendez-vous avec ses amis pour jouer. Mais à sa vue, sa mère redouble de colère. Elle l'attrape et lui dit : « Est-ce que tu ne peux pas marcher au lieu de courir ? Arrête de sauter comme ça ! Comment as-tu fait pour être aussi sale ? » Et elle le frappe jusqu'à ce que sa colère soit calmée. Pauvre garçon ! Il n'avait pourtant rien fait de mal ! Il n'était que joie et rires. Mais sa mère l'a-t-elle compris ? Dans une société remplie d'égoïsme et d'ego, le petit monde des enfants, un monde de rires et de jeux, est détruit.

Notre vie devrait s'épanouir dans un éclat de rire. C'est cela la religion, c'est cela la spiritualité et la prière authentique. Dieu est le sourire spontané qui s'épanouit de l'intérieur. C'est ce que nous pouvons donner au monde de plus précieux. Mais ce rire est devenu étranger au monde actuel qui ne connaît plus que le sourire égoïste, méprisant et artificiel. Le cœur n'y est pas, ce n'est plus un sourire mais uniquement un mouvement des lèvres qui s'étirent. C'est un péché, une forme de violence, une trahison du Soi. Il nous faut retrouver le monde de l'enfance, un monde rempli de rires et de jeux. Un enfant sommeille en chacun de nous. Il est impossible d'évoluer sans éveiller en nous cet enfant.

Actuellement, nos corps ont gagné en hauteur et en largeur mais notre mental, lui, n'a pas grandi. Pour que l'esprit se développe et devienne aussi vaste que l'univers, il faut redevenir un petit enfant, car seul un enfant peut grandir. Il faut avoir la pureté et l'humilité d'un enfant. L'humilité est la vertu qui permet de devenir vaste comme l'univers. C'est pourquoi, dit-on, il faut devenir un zéro avant de pouvoir être un héros.

Beaucoup de gens se plaignent que, dans le monde actuel, il est impossible de réussir en faisant le bien. Mais chaque moment de la vie est une occasion de faire le bien. Ceux qui le désirent mettent tout instant à profit. Quant à ceux qui repoussent leurs bonnes actions au lendemain, ils se leurrent.

Quel mari dirait à sa femme : « Je t'aimerai demain matin à dix heures ou à cinq heures de l'après-midi » ? S'il lui parlait ainsi, il serait clair qu'il n'éprouve aucun amour pour elle. L'amour n'est pas un sentiment qui apparaît plus tard ou que l'on rajoute. L'amour est *ici et maintenant*. L'amour et la foi font la beauté de la vie. Mais la nature des humains est de jeter des pierres à ceux qui incarnent ces vertus. Cela doit changer. L'amour est la rose qui donne à la vie son parfum. Personne ne devrait lui lancer de pierre.

Nos contemporains se préoccupent de l'intellect et de la raison : ils considèrent souvent que l'amour et la foi sont aveugles. Mais selon Amma, c'est la raison qui est aveugle. En effet, quand il n'y a rien d'autre que la logique et la raison, la vie elle-même se fane et meurt. C'est donc l'amour, la confiance mutuelle et la foi qu'il faut développer en priorité. Imaginez un monde qui reposerait uniquement sur l'intellect et la raison ! Dans un tel monde, il n'y aurait plus que des robots à l'esthétique impeccable, doués du mouvement et de la parole. C'est pourquoi, selon Amma, l'amour et la foi sont le fondement de la vie.

Il faut placer le fumier et l'engrais au pied du rosier et non sur les fleurs au parfum délicat car elles se faneraient aussitôt. Utilisez la raison et l'intellect à bon escient. Ne les laissez pas détruire l'amour et la foi qui donnent à la vie sa beauté et son parfum !

Prenez l'exemple du pèlerinage de Sabarimala[34] : combien de gens progressent grâce à l'amour et à la foi !

Pendant quarante et un jours les pèlerins s'abstiennent de boire, renoncent aux mauvaises fréquentations et aux vantardises ; ils mènent une vie de célibat, discernent entre le bien et le mal et psalmodient un seul mantra : *Swamiye, sharanam* (le Seigneur est mon seul refuge). Au cours de cette période, ni leur famille ni la société ne souffrent des effets de l'alcool ou des drogues qu'ils consomment en temps ordinaire. Et pourtant, même ce pèlerinage, cette tradition ancienne, n'est pas épargnée par les flèches perçantes des critiques. On argumente et on prétend que les pèlerins ne sont que des dupes dont on exploite la foi, etc. sans voir les conséquences pratiques du pèlerinage. Examinons les choses avec soin et ne lançons que des critiques appropriées. Pourquoi se livrer à une condamnation aveugle, qui tue ce qui est bon ? Le principe du Soi ne peut être réalisé que grâce à l'amour et à la foi.

De nos jours, l'amour est le sujet d'innombrables films, romans et chansons. C'est le thème favori de bien des écrivains ; cependant, l'amour ne jaillit ni de la lecture ni de l'écriture. Dans le monde actuel, il est difficile de trouver l'amour vrai. Même la relation entre mari et femme est en train de devenir artificielle. La vie elle-même a perdu sa saveur.

Amma se rappelle une histoire. Un couple dormait sur un divan de bois, dans la cour devant leur maison, quand un tourbillon les souleva avec le divan et les emporta pour les déposer

---

[34] Un lieu de pèlerinage dans le Kérala où se dresse un temple célèbre consacré au Seigneur Ayyappan.

à cent kilomètres de là. Par bonheur, ils étaient indemnes. La femme se mit à sangloter. « Pourquoi pleures-tu, ma chérie ? demanda son mari ; regarde, nous avons atterri sains et saufs, n'est-ce pas ? Il ne nous est arrivé aucun mal, nous n'avons pas la moindre égratignure. Alors pourquoi pleures-tu ? »

« Je ne pleure pas de tristesse, mais de joie » répondit sa femme.

« Qu'est-ce qui te rend si heureuse ? »

« N'est-ce pas la première fois que nous voyageons ensemble depuis notre mariage ? Je n'ai pas pu m'empêcher de pleurer en y songeant, » répondit-elle.

Voilà ce qu'est devenue la vie conjugale aujourd'hui !

L'amour est l'union des cœurs. L'amour, ce sont les cœurs qui se fondent pour ne plus faire qu'un. L'amour est le sentiment : « J'appartiens à mon bien-aimé (ma bien-aimée), je lui ai fait don de ma vie. » L'amour est l'abandon total de soi-même. Cet abandon, cet amour éternel, ne peuvent s'adresser à des objets éphémères mais uniquement au Suprême, à l'Eternel.

L'amour vrai est une émotion du cœur qui tend vers le Suprême, une soif irrésistible de Dieu. On ne peut accéder à cet amour, à cette abnégation totale et à cette béatitude absolue que grâce à l'abandon de soi-même. Cela signifie que notre vie est totalement vouée à Dieu. C'est cela, l'abandon complet de soi-même, sans lequel il est impossible de connaître le véritable bonheur.

### Les circonstances sont complexes

Le fondement du succès ne réside pas dans nos actions car sans la grâce divine, il est impossible de réussir quoi que ce soit. Dans tous les domaines, chaque fois que nous agissons, de nombreux facteurs sont impliqués. Pour obtenir le résultat désiré, il faut qu'ils soient tous favorables. Nous avons beau faire attention en traversant la route, il suffit d'un conducteur inattentif pour que nous ayons un accident. Si nous respectons le code de la route mais qu'un chauffeur ivre arrive en sens opposé, nous risquons une collision.

Nous avons acquis aujourd'hui beaucoup de connaissances et pourtant, nous ignorons la nature réelle du monde. Tant que nous l'ignorerons, nous ne connaîtrons jamais la paix intérieure. Tout est fait pour augmenter notre confort matériel mais si les circonstances extérieures ont changé, aucun changement fondamental ne s'est produit en nous.

Amma se rappelle une anecdote. Un Indien distingué est invité à visiter les Etats-Unis. Tout est organisé pour sa visite. Quand il arrive à la maison où il doit séjourner, son hôtesse lui souhaite la bienvenue et lui demande ce qu'il aimerait boire. Heureux de cet aimable accueil, il répond : « Un peu de thé serait parfait. » « Comment l'aimez-vous ? Avec ou sans théine ? Préféreriez-vous du thé au citron ? Ou encore du thé au gingembre ? » Elle énuméra nombre de thés dont il n'avait jamais entendu parler. Il ne connaissait que le thé noir avec du lait et du sucre et les choix multiples le plongeaient dans la confusion. « Pourquoi me pose-t-elle toutes ces questions ? » se demandait-il.

« Je voudrais un thé ordinaire. » répondit-il.

Elle partit dans la cuisine, pour en revenir aussitôt : « Pardonnez-moi, prendrez-vous votre thé sucré, avec de l'édulcorant ou bien sans sucre ? Il y a même du sucre entièrement naturel ! »

Le visiteur était presque au bout de sa patience : « Je voudrais simplement du thé ! »

« Le prendrez-vous avec ou sans lait ? Et désirez-vous du lait entier, demi écrémé ou écrémé ? »

Il n'en pouvait vraiment plus. « Oh mon Dieu ! Un verre d'eau fera l'affaire ! »

La maîtresse de maison s'empressa de demander : « Voulez-vous de l'eau filtrée ou de l'eau de source ? Ou encore de l'eau pétillante ? » Alors, hors de lui, il alla dans la cuisine, se versa un verre d'eau du robinet et le but. C'était tout ce qu'il lui fallait, mais que de questions on lui avait posées !

Il existe de nombreuses façons de satisfaire un besoin, même modeste, et de nos jours, nous avons vraiment l'embarras du choix. Les itinéraires pour se rendre quelque part sont nombreux et les moyens de transport variés. Nous pouvons aussi choisir notre vitesse. Nous possédons toutes ces commodités et pourtant, lorsque nous sommes confrontés à des difficultés, à la souffrance et à la tristesse, nous n'y puisons aucun réconfort. La souffrance semble inévitable. C'est là que la spiritualité prend toute son importance. Il existe un moyen de se libérer de la souffrance et de la tristesse. Quelle en est l'origine ? Quelle est la raison de ces difficultés ? Efforçons-nous d'en comprendre la cause réelle car sinon, il n'y aura pas de fin à la souffrance.

« Comme tu es belle ! Je suis si heureux près de toi ! Je ne peux pas imaginer ma vie sans toi ! » déclare un homme à sa petite amie. La jeune femme en est très heureuse. Mais peu de temps après, le même homme lui lance : « Ne t'approche pas de moi ! Je suis allergique à ta présence ! » Alors elle s'effondre de douleur. Comme elle n'a pas compris que telle est la nature du monde, elle souffre.

Quelle est la nature du monde ? L'amour est lié à un objet. Nous aimons la vache pour son lait, mais dès qu'elle n'en donne plus, nous la vendons au boucher. Voilà à quoi ressemble la vie quand nous misons sur le monde. Lorsque nous traversons des épreuves, le monde ne nous accompagne pas. Lorsque nous sommes confrontés à la souffrance, interrogeons-nous : « Pour-quoi cela m'est-il arrivé ? » Si nous sommes capables de trouver la réponse à cette question dans les moments de crise, nous en aurons aussi trouvé l'issue. Si nous persévérons aujourd'hui dans l'effort pour traverser les petites rivières (les crises), nous pourrons demain traverser l'océan (de la naissance et de la mort, n.d.t.).

En réalité, les difficultés que nous rencontrons dans la vie nous rendent plus forts. Elles nous sont données par Dieu pour nous permettre d'acquérir de la force. Si nous nous rentrons une épine dans le pied, nous allons ensuite marcher avec plus de vigilance, ce qui nous évitera peut-être de tomber dans un fossé profond. Gardons cela en mémoire et efforçons-nous de prendre refuge dans l'Être suprême.

Il est impossible de devenir un champion d'haltérophilie en ne soulevant que des poids légers. Pour remporter des compétitions, le seul moyen est de s'entraîner à soulever des poids de plus en plus lourds : vingt-cinq kilos, puis trente, quarante, cinquante, etc. Dans tous les domaines, la persévérance apporte la victoire. Si vous ne vous entraînez qu'avec des poids légers, le jour où il vous faudra soulever des poids plus lourds, vous allez glisser et tomber, c'est inévitable. Nous sommes actuellement incapables de tenir debout sans avoir un appui et s'il bouge légèrement, notre chute est assurée. La spiritualité, c'est la pratique qui nous permet de rester fermement ancrés en nous-mêmes.

## Que la volonté de Dieu soit faite

Mes enfants, nous disons souvent : « C'est arrivé parce que je le désirais, parce que je le voulais ! » Mais notre volonté est-elle la cause de quoi que ce soit ?

« J'arrive, » crie quelqu'un de l'intérieur de la maison. Mais au bout d'un pas, il s'effondre, victime d'une crise cardiaque ! Si notre volonté était suffisante, cette personne serait sans nul doute sortie de la maison, comme elle l'avait annoncé. Comprenons-le et abandonnons tout à la volonté de Dieu.

A ce propos, une histoire met en scène Radha et les *gopis*[35].

Quand Shri Krishna a quitté Vrindavan pour aller à Mathura, les *gopis* ont profondément souffert de la séparation.

---

[35] Les *gopis* étaient les bergères de Vrindavan. Elles étaient les dévotes les plus proches de Krishna, célèbres pour leur dévotion inégalée.

Elles s'asseyaient sur les rives de la Yamouna et épanchaient leur douleur.

« Krishna ne nous a pas emmenées avec Lui ! S'Il revient, il ne faudra surtout pas Le laisser repartir, dit une *gopi*.

- Si le Seigneur revient, je Lui demanderai une faveur, dit une autre.

- Et que Lui demanderas-tu ?

- Je Lui demanderai la faveur de pouvoir toujours jouer avec Lui. Telle sera ma requête.

- Est-ce que je pourrai aussi exprimer un désir ? demanda une troisième *gopi*.

- Lequel ?

- Je voudrais que le Seigneur mange le beurre que je Lui mettrai dans la bouche de mes propres mains[36]. Voilà ce que je demanderai. »

Une autre *gopi* déclara : « Moi, je voudrais qu'Il m'emmène à Mathura.

- Et moi, je désire qu'Il me permette de toujours l'éventer pour Le rafraîchir, » dit une autre.

Les *gopis* remarquèrent que Radha n'avait rien dit.

« Radha, pourquoi ne dis-tu rien ? Quelle faveur demanderas-tu ? Dis-le nous, Radha ! » demanda l'une d'elles.

Elles ont insisté jusqu'à ce que Radha dise :

« Si j'éprouve le moindre désir, je l'offrirai aux pieds de mon Seigneur. Quelle que soit Sa volonté, c'est aussi la mienne. Son bonheur est mon bonheur. »

Abandonnez donc tout aux pieds du Seigneur. Même notre prochaine respiration n'est pas certaine : la décision n'est pas entre nos mains. C'est la volonté de Dieu qui prévaut. Ce qui

---

[36] Enfant, Krishna adorait le beurre et le yaourt. Innocemment, il dérobait le beurre des *gopis* et on le surnommait affectueusement « le voleur de beurre ». (En réalité, c'est le cœur des *gopis* qu'Il dérobait, dit Amma. n.d.t)

nous appartient, c'est de faire des efforts et d'agir en utilisant les capacités que Dieu nous a données. N'abandonnez jamais. Quoi que nous fassions, il est essentiel d'y mettre tout son cœur et de faire de son mieux.

## Prakriti, vikriti, samskriti

Une autre question se pose à nous : comment vivre cette vie que Dieu nous a donnée ? *Prakriti, vikriti, samskriti*, ces trois attitudes sont souvent citées. Quatre hommes reçoivent chacun un morceau de pain. Le premier le mange dès qu'on le lui donne. Le deuxième saisit la part du troisième et la mange en plus de la sienne. Le quatrième donne la moitié de son pain au troisième qui a perdu le sien.

Le comportement du premier homme correspond à *prakriti* – sa nature. Il pense à son propre bonheur. Il ne fait de mal à personne et n'aide personne. La conduite du second homme correspond à *vikriti* : il s'agit d'une déformation de la nature normale. Pour satisfaire son désir égoïste, il est capable de nuire aux autres. Quant à la conduite du quatrième homme, on peut la qualifier de *samskriti*. Elle est régie par un raffinement authentique. Il donne aux autres ce qu'il a et fait passer le bien du monde avant son propre bonheur. Cette vie qui nous est donnée, faisons en sorte qu'elle soit bénéfique aux autres. C'est cela *samskriti,* la vraie culture, le vrai raffinement.

Certains disent : « Ce que j'ai accumulé, je l'ai perdu. Ce que j'ai donné, je l'ai encore. » Qu'est-ce que cela signifie ? Si nous donnons aux autres, cela nous reviendra un jour ou l'autre. En revanche, ce que nous amassons par égoïsme, nous le perdrons d'ici peu. Quoi qu'il arrive, au moment de mourir, nous n'emporterons rien avec nous. Mais la générosité que nous manifestons remplit de joie notre cœur, et celui de ceux auxquels elle s'adresse.

Sur le chemin de l'école, un petit garçon passait chaque jour devant un orphelinat. Il voyait les visages tristes des orphelins et son cœur fondait de compassion. La fête d'Onam approchait et son père lui donna un peu d'argent. Il se dit : « J'ai mon père et ma mère pour m'offrir des jouets et des vêtements neufs. Mais qui va apporter un peu de joie à ces orphelins ? Ils n'ont pas de parents, ils n'ont personne. Comme ils doivent être tristes ! » Soudain, il eut une idée. Il alla trouver ses amis et leur dit : « Réunissons l'argent que nous avons reçu pour Onam pour acheter des jouets et des masques. Nous pourrons les revendre en ville et avec l'argent obtenu, en acheter d'autres que nous vendrons aussi. Alors, nous achèterons des jouets aux enfants de l'orphelinat. »

Mais cette idée ne plut pas aux autres enfants. Avec leur argent, ils voulaient s'offrir les jouets qu'ils désiraient. Ils ne pensaient qu'à leur propre bonheur. A la fin, un des garçons accepta tout de même de se joindre à lui. Ils réunirent donc leur argent pour acheter des jouets et des masques. Revêtus de leurs masques, ils donnèrent un petit spectacle divertissant à plusieurs endroits dans le centre ville. Les spectateurs éclataient de rire en voyant leurs bouffonneries. Les garçons leur dirent : « S'il vous plaît, achetez-nous des jouets et des masques que vous offrirez à vos enfants. Ils seront heureux et vous rirez tous ensemble. Vous avez ri en voyant nos facéties mais il y a beaucoup d'enfants qui n'ont pas le cœur à rire. Aidez-nous à leur apporter de la joie en achetant nos jouets ! »

Les passants, touchés par les paroles et la démarche de ces enfants, achetèrent toute leur marchandise. Les garçons, ayant refait leur stock, vendirent tout à nouveau. Avec l'argent récolté, ils achetèrent beaucoup de jouets et de masques. Le jour d'Onam, ils les apportèrent à l'orphelinat. Avant leur arrivée, les orphelins étaient remplis de tristesse, incapables de sourire. Les garçons les appelèrent, distribuèrent à tous des masques et des bâtons d'étincelles (*poothiri*) qu'ils allumèrent. Les enfants en oublièrent leur chagrin. Ils dansaient de joie, riaient et couraient en jouant. Le garçon qui avait organisé cette fête en oublia de mettre un masque et d'allumer un bâton d'étincelles (*poothiri*). Il savourait la joie, les éclats de rire des orphelins, et n'avait plus conscience du reste. Leur bonheur lui fit tout oublier, y compris lui-même, et il versait des larmes de joie. Ce jour-là, la joie qu'il ressentit était infiniment plus grande que celle de tous ses amis. Il n'avait rien pris pour lui-même ; mais ce qu'il avait donné le remplit de joie. C'est la grandeur de la compassion. Nous recevons ce que nous donnons, que ce soit l'amour ou la colère.

Voyez l'état du monde, mes enfants ! Tant de gens souffrent. Innombrables sont les pauvres qui n'ont pas les moyens de faire un repas par jour. Il y a des malades qui endurent des souffrances terribles parce qu'ils n'ont les moyens d'acheter des analgésiques. Et pendant ce temps, d'autres gaspillent leur argent en achetant du tabac, de l'alcool et des vêtements coûteux. S'ils le désiraient, les riches qui constituent dix pour cent de la population de ce pays pourraient aider les pauvres. S'ils se fixaient ce but, il n'y aurait plus de pauvreté en Inde. En vérité, les vrais pauvres sont ceux qui se sont enrichis en gardant pour eux-mêmes ce qui devrait être partagé avec les autres. Simplement, ils n'en sont pas conscients.

Le but de la vie est de regarder à l'intérieur et de connaître le Soi. Seuls les êtres qui connaissent le Soi sont vraiment riches, eux seuls possèdent la vraie fortune. Ils sont libres de toute inquiétude. Qui les côtoie peut aussi profiter de leur richesse. Quatre-vingt-dix pour cent de nos problèmes physiques et mentaux proviennent des blessures du passé, qui nous font souffrir toute notre vie. Le seul moyen de les guérir, c'est de nous aimer les uns les autres d'un cœur ouvert. Si le corps a besoin de nourriture pour grandir, l'âme a besoin d'amour. Cet amour nous insuffle une force et une vitalité que le lait maternel lui-même ne peut nous donner. Efforçons-nous de ne plus faire qu'un, grâce à l'amour mutuel. Faisons ce serment.

*Amma pendant une fête d'anniversaire*

# Deuxième partie

# Prends refuge en Moi seul

Abandonnant tous les *dharmas*,
prends refuge en Moi seul.
Je te libèrerai de tous les péchés.
Ne t'afflige pas.

*— Bhagavad Gita (18,66)*


Mes enfants,
la réalisation, c'est la faculté de voir notre
propre Soi en tous les êtres vivants.

*— Sri Mata Amritanandamayi*

## Abandonnez tout à Dieu

Mes enfants, le mental s'attache aux choses matérielles. Il est empli de désirs égoïstes. Voilà pourquoi il n'y a pas de place en nous pour Dieu. Si nous allons dans un ashram et prenons refuge en un maître spirituel, c'est pour nous libérer de cet état et purifier le mental. Mais de nos jours, même dans de tels lieux, les gens prient pour obtenir des biens matériels. Ils déclarent : « J'ai beaucoup d'amour pour Dieu. » Ce qui est nécessaire cependant, c'est d'abandonner les objets qui enchaînent notre esprit. C'est seulement ainsi que nous manifesterons clairement notre abandon à Dieu et notre amour pour Lui.

Une jeune fille écrit à une de ses amies qui fête son anniversaire. « J'étais très heureuse de penser que c'était ton anniversaire. J'ai passé un temps fou à chercher un beau cadeau. J'ai fini par en trouver un, mais comme il coûtait dix roupies, je ne l'ai pas acheté. Je te l'offrirai peut-être une autre fois. »

Cette jeune fille aimait beaucoup son amie, elle prétendait même qu'elle était prête à donner sa vie pour elle, mais elle n'a pas voulu dépenser dix roupies pour lui faire un cadeau. Voilà bien à quoi ressemblent notre amour et notre dévotion pour Dieu. Seules nos lèvres proclament : « J'ai tout abandonné à Dieu. »

Pour obtenir ce que nous voulons, nous promettons d'offrir une noix de coco à la divinité du temple. Mais une fois notre désir exaucé, nous choisissons comme offrande la noix de coco la plus petite et la moins chère. Cela n'a rien à voir avec l'amour et la dévotion véritables. Nous devrions être prêts à faire le sacrifice de notre vie. Si nous offrons quelque chose à Dieu, c'est nous qui en bénéficions. Imaginer autre chose revient à remplir un seau d'eau du caniveau pour l'offrir à la rivière en disant : « O rivière, tu as sûrement soif ! Bois cela ! » Dieu n'a besoin de rien. Dieu est Celui qui pourvoit à toutes choses. En prenant refuge en Dieu, nous nous purifions.

Mes enfants, seul un esprit qui a le sens du *dharma* peut se rapprocher de Dieu. Quelle était la nature des anciens ? Ils étaient prêts à sacrifier leur vie pour un oisillon. C'est ce sens du *dharma* qui nous rapproche de Dieu, de l'Être suprême. C'est l'ouverture du cœur et de l'esprit qui nous rapproche de Dieu et fait en sorte que Ses vertus se reflètent en nous. Un tel cœur cultive les vertus divines qui se trouvent déjà en nous. Nos bonnes actions et nos vertus agissent comme un engrais qui nourrit la graine et lui permet de se développer. La grâce de Dieu ne peut pas atteindre un esprit égoïste. Pour devenir un réceptacle adéquat de la grâce divine, il faut abandonner l'égoïsme. Le moyen d'y parvenir, c'est de suivre la voie du *dharma*. Quand nous semons une graine, nous en récoltons dix. Ainsi, ce que nous donnons à Dieu, Il nous le rend mille fois. Quand nous nous abandonnons à Dieu, nous recevons mille fois plus. Dieu est la puissance qui nous protège et n'a nul besoin qu'on Le protège ! Cela doit être clair dans notre esprit !

Si nous ne pouvons pas nous donner entièrement à Dieu, corps et âme, ne pouvons-nous pas au moins Lui abandonner nos désirs ? Mais il faut d'abord abandonner l'égoïsme qui nous en empêche.

Une fois montés dans le train, pourquoi continuer à porter nos bagages ? Posons-les ! Le train va les emporter et les emmener à destination. Lâchez votre fardeau, vous n'avez plus besoin de le porter.

Quand nous avons foi en Dieu, l'attitude d'abandon de soi grandit en nous et nous connaissons la paix et l'harmonie intérieures. Tant qu'une personne est égoïste, elle doit porter son fardeau. Dieu n'en est pas responsable. Il ne suffit pas de faire confiance au médecin, encore faut-il prendre les remèdes et suivre le régime prescrit. Avoir foi en Dieu, ce n'est pas assez ; il faut également vivre en accord avec les principes divins. C'est ainsi que nous guérirons de la maladie du *samsara* (le cycle sans fin des naissances et des morts) et atteindrons le but de la vie.

Mes enfants, déposez tous vos fardeaux aux pieds de Dieu et vivez dans la paix et l'harmonie.

### La dévotion, ce sont les bonnes actions

Ceux qui se contentent de glorifier Dieu ne sont pas aptes à recevoir Sa grâce ; pour cela, il faut en outre vivre en accord avec les principes divins. C'est ainsi seulement que l'on tire un profit réel de la vie.

Un homme riche avait deux serviteurs. L'un d'eux ne cessait de le suivre en disant : « Maître, maître ! » Il louait constamment son maître mais il ne travaillait pas. L'autre s'approchait rarement du maître. Sa seule préoccupation était de mener à bien le travail qui lui avait été confié. Il travaillait pour son maître, oubliant de manger et de dormir. Quel est celui que préférait le maître ?

La grâce de Rama se répand plutôt sur ceux qui vivent en accord avec ses paroles que sur ceux qui se contentent de répéter : « Rama ! Rama ! » Dieu préfère ceux qui pratiquent des austérités (*tapas*) et font du service désintéressé. Cela ne signifie pas qu'il ne faut pas appeler Dieu mais cet appel ne portera ses fruits que s'il est accompagné de bonnes actions. Les mauvaises actions annulent les effets de la récitation des noms divins et détruisent nos bons *samskaras*.

Après une visite au temple, ayant fait le tour du sanctuaire pour rendre hommage à la divinité, si nous insultons les pauvres mendiants qui se tiennent à la porte et leur crions de s'en aller, mes chers enfants, il n'y a là aucune dévotion. Notre devoir envers Dieu est de manifester de la compassion envers les pauvres. Mes enfants, vous faites de bonnes actions mais vous en faites aussi de mauvaises, ce qui annule les fruits des premières. Si vous mettez d'un côté un tas de sucre et de l'autre une grande fourmilière, que faut-il de plus pour que le sucre disparaisse ? Il suffit de répéter le mantra quelques fois dans la journée si c'est accompagné de bonnes actions. Cela équivaut à faire le *japa* (psalmodie du Nom divin ou du mantra) toute la journée.

Nos bonnes pensées et nos bonnes actions devraient attirer sur nous toutes les bénédictions. Ce n'est pas très difficile. Efforcez-vous de ne voir que le bien en tout. N'enviez personne. Vivez sans luxe inutile. Si vous avez l'habitude d'acheter dix saris par an, réduisez ce nombre à sept, puis à cinq. Renoncez ainsi aux achats inutiles et n'achetez que ce dont vous avez réellement besoin. L'argent ainsi économisé, consacrez-le à une bonne cause. Il y a des enfants qui ne vont pas à l'école parce qu'ils ne peuvent pas payer les frais de scolarité. Nous pouvons les aider. Apportons au moins cette contribution à la société. Les mantras que récitent ceux qui agissent ainsi plaisent à Dieu, car les bonnes actions sont la voie qui mène à Lui.

« Et pourtant, Ajamila[37] n'a-t-il pas reçu la libération en prononçant le nom divin une seule fois ? » demanderez-vous. En réalité, ce n'est pas cela qui l'a conduit à Dieu mais le fruit de bonnes actions qu'il avait accomplies bien auparavant.

Il était une fois un marchand qui avait passé toute sa vie à faire le mal. Il n'avait jamais fait une bonne action. Comme il avait lu l'histoire d'Ajamila, il donna à tous ses enfants des noms divins pour que, sur son lit de mort, il puisse les appeler et obtenir ainsi la libération[38].

---

[37] L'histoire d'Ajamila est racontée dans le Shrimad Bhagavatam. C'est un brahmane qui a eu de mauvaises fréquentations et qui a mal tourné. Il a épousé une prostituée. Il était corrompu et cruel. Il était très attaché au plus jeune de ses dix fils, appelé Narayana (un des noms de Vishnou). Sur son lit de mort, Ajamila a appelé son fils et les émissaires de Vishnou sont aussitôt venus chasser ceux du dieu de la mort qui étaient prêts à s'emparer de l'âme d'Ajamila.

[38] Selon l'hindouisme et les autres religions orientales, la dernière pensée d'un mourant a une grande influence sur la nature de sa prochaine vie.

Comme il se mourait, ses enfants se sont réunis autour de son lit. Il ouvrit les yeux, les regarda et constata qu'ils étaient tous là. Inquiet de voir que personne ne s'occupait du magasin, il lança : « Qui est à la boutique ? » et rendit son dernier soupir. Tel sera le destin de quiconque vit sans jamais penser à Dieu mais espère gagner la libération en L'appelant à la fin. Les pensées qui surviennent au moment de la mort correspondent aux actions que nous avons accomplies au cours de notre vie. Nos actions déterminent quelle sera notre dernière pensée. Une vie pleine d'actions bienfaisantes assure qu'une bonne pensée se manifestera à l'instant de la mort

En accomplissant des actions désintéressées tout en récitant le nom divin, les chefs de famille parviennent au même résultat que les sages grâce à leurs austérités. Par la méditation, la personne qui se livre à des austérités (*tapas*) concentre son esprit, d'ordinaire vagabond, en un seul point. Les sages, qui vivent en accord avec les principes spirituels, consacrent la force qu'ils retirent de leurs austérités au monde. Le service est la voie que les maîtres conseillent aux chefs de famille qui ne peuvent pas passer la journée à méditer et à réciter des mantras. Ils obtiennent alors la libération par la grâce du maître, dont le cœur fond en voyant leur service désintéressé. Un *satguru* (un maître réalisé) est comme une tortue. On dit que la tortue couve ses œufs par la pensée. Ainsi, les chefs de famille peuvent atteindre la libération grâce à la pensée du *satguru*. Ce que l'on obtient grâce au service désintéressé n'est en rien inférieur à ce que l'on atteint par les austérités (*tapas*). Cela ne signifie pas qu'il est inutile d'appeler Dieu mais que nos prières doivent s'accompagner de bonnes actions. Dieu n'écoute pas la litanie de Ses noms si elle ne s'associe pas à de bonnes actions car alors, la dévotion en est absente et nous ne recevrons pas Sa compassion.

Shri Krishna a enjoint à Arjuna de se battre. Il ne lui a pas dit : « Je vais détruire tous les ennemis et te sauver ! Reste tranquillement assis ici ! » Au contraire, il lui a déclaré : « Arjuna, tu dois combattre. Je serai avec toi ! » Cela démontre la nécessité de l'effort humain.

## Le maître spirituel est indispensable

Mes enfants, c'est à la lumière des situations que nous rencontrons que doit se révéler la puissance de nos austérités (*tapas*). Face aux situations difficiles, avançons sans que notre esprit faiblisse, sans vaciller. C'est cela, la véritable grandeur. Il n'est pas convenable pour un chercheur spirituel d'être en paix lorsqu'il est assis en méditation et d'être en proie à l'agitation dès qu'il se lève. N'importe qui peut chanter sans accompagnement. L'habileté du chanteur se révèle lorsqu'il est accompagné d'un harmonium et de percussions : c'est alors qu'on perçoit son habileté à moduler la voix en harmonie avec la note de base. Ainsi, pour un chercheur spirituel, rester fidèle à la volonté de Dieu signifie garder le rythme et l'harmonie du mental, quelles que soient les circonstances. C'est cela, la véritable ascèse (*tapas*). Si la colère surgit, n'y succombons pas. Il n'est pas convenable pour un chercheur spirituel de céder à la colère ou d'être l'esclave des circonstances.

Il était une fois un forgeron qui vivait aux pieds de l'Himalaya. Il travaillait des barres de fer en les martelant sur une pierre près de son atelier. Un jour, il trouva un cobra non loin de la pierre. Le lendemain, le serpent n'avait pas bougé, paralysé par le froid. Le forgeron le toucha de la pointe d'un bâton mais le reptile ne fit pas le moindre mouvement. Mû de pitié le forgeron le porta dans son atelier et lui donna du lait et des fruits. Puis il se remit au travail. Il chauffa une barre de fer dans le feu et la frappa pour lui donner la forme voulue. Quand il la sortit du feu, la barre toucha le cobra qui se dressa en déployant son capuchon, prêt à mordre. Il avait cru qu'il s'agissait d'un serpent inoffensif, qui n'était pas en état de mordre. Mais à la chaleur de la forge, le serpent s'est réchauffé et son tempérament a changé. Notre esprit fonctionne de la même manière : quand nous nous livrons à l'ascèse (*tapas*), il est pour ainsi dire « gelé » mais si nous ne sommes pas vigilants, les tendances innées refont surface dès que les circonstances s'y prêtent. Le chercheur spirituel doit donc s'exercer à avoir un mental fort afin de pouvoir surmonter n'importe quelle situation sans faiblir. La tâche du maître spirituel est de lui permettre d'atteindre ce niveau. Quelles que soient les circonstances, notre mental devrait voir Dieu, le Soi, en tout. C'est alors seulement que nous pouvons affirmer que nous sommes forts.

Exerçons notre esprit à ne voir en toute chose que le bien, le principe divin et à goûter la béatitude du Soi, comme l'abeille qui butine le nectar des fleurs et ne savoure que lui. Si la colère ou l'ego se dissimulent chez le disciple, le devoir du maître est de les faire remonter à la surface et de les détruire. En présence du maître, le disciple atteint en peu de temps un degré de maturité auquel il ne parviendrait pas s'il faisait des pratiques spirituelles seul pendant une longue période. Quel que soit le travail que le maître confie au disciple, que la tâche soit facile ou difficile, son seul but est d'éliminer l'ego du disciple et de le rendre apte à la réalisation du Soi. Le disciple a besoin d'un certificat du maître, son devoir est d'obéir à chacune de ses recommandations. Comme le marteau entre les mains du forgeron, il doit devenir un instrument entre les mains du maître et accepter de lui n'importe quel ordre. Le maître a sur le disciple une autorité absolue. Celui-ci ne peut progresser que s'il devient un instrument et renonce à sa volonté propre.

Un écolier échouait toujours quatre ou cinq fois avant de passer dans la classe supérieure. Il avait tout de même réussi à entrer en terminale mais il était convaincu qu'il n'aurait jamais son bac, même s'il essayait dix fois. Mais son professeur décida de l'aider à réussir du premier coup. Nuit et jour, sans relâche, il le faisait bûcher en faisant très attention à ce qu'il ne se laisse pas distraire de ses études. Quand vint le moment de l'examen, le garçon réussit du premier coup. Le *satguru* est pareil au professeur qui permet à un élève de réussir alors que tout le monde l'en juge incapable. Il est très difficile d'atteindre le royaume du Soi, même si nous nous y efforçons pendant mille vies. Mais avec l'aide du maître, le disciple peut y parvenir en une seule vie.

Le fait que le maître nous autorise à vivre avec lui ne signifie pas qu'il nous a accepté comme disciple. Le maître n'accepte un disciple qu'après l'avoir observé et mis à l'épreuve de multiples façons. Un véritable disciple a une foi absolue dans les paroles du maître et les met en pratique avec soin et vigilance. En outre, il fait au maître le don total de lui-même.

## On ne peut atteindre l'immortalité que par le renoncement

Mes enfants, nous avons souvent entendu le mantra : « *tyagenaike amritatvamanashuh* (on ne peut atteindre l'immortalité que par le renoncement.* » Ce mantra n'est pas fait simplement pour qu'on l'écoute ou le récite. Il s'agit d'un principe qu'il faut s'efforcer d'appliquer dans sa vie et non pas d'une phrase à psalmodier.

Si notre bébé tombe malade, nous l'emmenons à l'hôpital et si nous ne trouvons pas de véhicule, nous ferons le chemin à pied, même si l'hôpital est loin. Pour que l'enfant soit admis, nous sommes prêts à supplier n'importe qui. S'il n'y a pas de chambre libre, les parents, aussi riches et puissants soient-ils, sont prêts à passer la nuit dans la salle commune et même à dormir sur le sol malpropre. Ils prennent congé pendant des jours pour veiller sur leur bébé. Mais tout cela n'est fait que pour leur enfant, que pour leur paix intérieure. Il ne s'agit pas de vrai renoncement ni de sacrifice.

Pour obtenir un arpent de terrain et agrandir notre propriété, nous sommes prêts à user nos chaussures à force de monter et de descendre les marches du palais de justice. Nous faisons des heures supplémentaires la nuit et écourtons notre sommeil, mais c'est uniquement pour gagner plus d'argent. Rien de cela ne mérite le nom de renoncement.

Le renoncement, c'est renoncer à son confort et à son bonheur personnels pour aider les autres. Si nous dépensons de l'argent durement gagné pour aider un de nos frères humains qui souffre, c'est du renoncement. Quand l'enfant du voisin est hospitalisé et qu'il n'y a personne pour aider, si nous nous portons volontaire pour aller passer la nuit à l'hôpital et veiller sur l'enfant[39] sans rien attendre en échange, pas même un sourire, c'est cela le renoncement.

Si nous sacrifions quelques commodités et employons l'argent ainsi économisé à servir une bonne cause, c'est également du renoncement. C'est grâce à de telles actions que nous frappons à la porte du royaume du Soi, nos actes désintéressés nous ouvrent cette porte. Seuls de tels actes méritent le nom de *karma yoga* (la voie de l'action désintéressée). Les actions désintéressées mènent l'âme individuelle au royaume du Soi, tandis que les autres conduisent à la mort. Une action accomplie avec l'attitude du « moi et du mien » ne nous sera jamais d'aucun secours.

Si nous rendons visite à un ami que nous n'avons pas vu depuis longtemps et que nous lui offrons avec amour un bouquet de fleurs, nous sommes les premiers à en apprécier la beauté et le parfum, et nous avons en plus la joie de l'offrir. Ainsi, lorsque nous agissons de manière désintéressée, nous éprouvons de la joie et du contentement.

---

[39] Contrairement à ce qui se passe dans les hôpitaux en Occident, en Inde, les infirmières ne s'occupent que des soins médicaux. Un patient qui séjourne à l'hôpital doit donc être accompagné d'un ami ou d'un parent qui lui achète les médicaments et s'occupe de ses besoins personnels.

Notre corps est entouré d'une aura qui enregistre toutes nos actions, comme un magnétophone enregistre les voix. Quand nos actions sont désintéressées, cette aura prend une couleur dorée. Les êtres qui vivent ainsi voient tous les obstacles qui se dressent devant eux disparaître, quoi qu'ils décident d'entreprendre. Pour eux, tout est favorable. A leur mort, ils se dissolvent dans la béatitude de l'Être suprême, de la Réalité absolue, comme le gaz contenu dans une bouteille de soda se dissout dans l'atmosphère quand la bouteille casse. L'aura de ceux qui font de mauvaises actions s'assombrit en revanche et ils rencontrent toujours des obstacles et des problèmes. A leur mort, leur aura reste sur le plan terrestre et devient la nourriture des insectes. Ils sont contraints de renaître.

Mes enfants, celui dont les actes sont désintéressés, même s'il n'a pas le temps de réciter le moindre mantra, parvient à l'immortalité. Un tel être est une bénédiction pour les autres, comme du nectar. Une vie totalement consacrée aux autres est le plus grand des enseignements spirituels. C'est un exemple dont les autres peuvent s'inspirer.

## La charité

Mes enfants, si nous faisons la charité sans faire preuve de vigilance et de discernement, nous souffrirons en conséquence des actions de ceux qui ont bénéficié de notre générosité. Si un homme en pleine santé mendie, ne lui donnez pas d'argent. Vous pouvez toutefois lui offrir à manger. Dites-lui de travailler pour gagner sa vie. En donnant de l'argent à des gens en parfaite santé, nous en faisons des paresseux. Ils risquent de dépenser cet argent pour acheter de l'alcool et de la drogue ; ils risquent d'en faire un mauvais usage. En leur donnant de l'argent, nous leur permettons de faire de mauvaises actions et il nous faudra aussi en récolter le fruit. Si de telles personnes mendient, proposez-leur de travailler. Vous pouvez les employer comme jardinier ou pour d'autres travaux. Ne les payez qu'une fois le travail fini. Voyez si le mendiant est prêt à travailler ou non. Ceux qui refusent de travailler sont destructeurs. Les aider, c'est les encourager à la paresse, ce qui est nuisible pour le monde. Si nous nourrissons quelqu'un gratuitement, cette personne va rester oisive, tomber malade par manque d'exercice et devenir un fardeau pour elle-même et pour le monde. C'est à l'entrée des institutions qui distribuent de la nourriture gratuitement que l'on trouve les plus grands rassemblements de paresseux.

Nous pouvons cependant aider les pauvres que leur mauvaise santé empêche de travailler. Aidons les orphelins qui ne peuvent pas s'offrir une éducation en payant leurs frais de scolarité et leurs autres dépenses. Aidons les veuves qui ont du mal à survivre, les handicapés qui ont perdu un membre et ne peuvent même pas aller mendier. Achetons des médicaments pour les malades qui n'ont pas les moyens de se soigner. Si nous faisons des dons à des ashrams et à d'autres institutions qui gèrent des œuvres caritatives, voyons d'abord s'ils dépensent bien l'argent reçu au bénéfice des pauvres et des indigents. Les ashrams, les institutions charitables ont la capacité de servir l'ensemble de la société et les soutenir, c'est aider la société toute entière. Lorsque nous faisons la charité, il faut faire très attention et faire preuve de discernement. Nos dons, notre générosité ne devraient jamais permettre au bénéficiaire de faire le mal. Qui que nous aidions, n'attendons jamais rien en retour, pas la moindre gentillesse. Nous recevrons peut-être des insultes en échange de notre aide et si nous avons la moindre attente, il en résultera de la souffrance. Notre mental devrait être pareil à un bâton d'encens qui brûle en offrant son parfum à tous, y compris à celui qui le fait brûler. C'est cette attitude qui nous amène aux pieds de l'Être suprême. Faisons le bien même à ceux qui nous font du mal. Si on nous lance des épines, soyons prêts à offrir des fleurs en échange. En cultivant cette attitude, nous connaîtrons la paix et l'harmonie.

## Riez du fond du cœur

Mes enfants, connaissez-vous quelqu'un qui n'aime pas rire ? Non, bien sûr. Si certains ne rient pas, c'est que leur cœur est plein de douleur et de tristesse. La douleur évanouie, ils riront spontanément. Pourtant, aujourd'hui, combien d'entre nous sont capables de rire du fond du cœur ? Nous sourions quand nous lançons une plaisanterie ou voyons nos amis, mais une douleur nous habite. Le vrai sourire vient du cœur. Seul un sourire authentique éclaire notre visage et le cœur de ceux qui nous entourent. Bien souvent, le rire n'est plus qu'une contraction des muscles du visage. La pureté du cœur a disparu.

Rire des erreurs d'autrui, ce n'est pas vraiment rire. C'est en prenant conscience de nos propres erreurs qu'il faut pouvoir éclater de rire. Le rire devrait jaillir du tréfonds de nous-même, un rire dans lequel nous oublions tout, sauf la vérité suprême. C'est cela le vrai rire, le rire de la béatitude. Mais en sommes-nous capables ?

De nos jours, c'est surtout en songeant aux défauts des autres ou en les critiquant que l'on rit. Dire du mal d'autrui, c'est médire de soi-même.

Amma se rappelle une histoire. Un maître avait deux disciples, aussi orgueilleux l'un que l'autre et qui ne cessaient de se critiquer mutuellement. Malgré les conseils que leur prodiguait le maître, leur comportement ne changeait pas. Alors il a trouvé une solution. Une nuit, pendant leur sommeil, il a peint leur visage de couleurs vives, comme celui des clowns. Au matin, le premier réveillé a vu le visage de l'autre et a éclaté d'un rire bruyant : « Ha ! Ha ! Ha ! » Alors le second disciple s'est réveillé et apercevant le visage de l'autre, il est parti d'un grand rire. Ils riaient aux éclats. À ce moment-là, quelqu'un a apporté un miroir et l'a tenu devant l'un des deux disciples, en lui disant : « Regarde ! » Aussitôt, celui-ci s'est emparé du miroir et a montré à l'autre son reflet en disant : « Regarde donc ! » Et voilà comment ils ont très vite cessé de rire. Mes enfants, cette histoire dépeint notre comportement. Nous disons du mal des autres, sans comprendre qu'eux aussi se moquent de nos défauts.

Mes enfants, il est facile de critiquer autrui et de se moquer, mais nous devons nous en abstenir. Mieux vaut prendre conscience de nos propres erreurs, de nos propres défauts et en rire. Cela nous permettra de progresser.

En ce qui concerne le bonheur, nous le trouvons de deux manières : nous nous réjouissons quand le bonheur survient dans notre vie ou quand il arrive malheur aux autres. Et deux choses nous rendent malheureux : notre propre malheur ou le bonheur des autres.

Un marchand avait expédié toute une cargaison outre-mer mais le bateau fit naufrage. L'homme d'affaire en fut si chagriné qu'il dut s'aliter. Il ne mangeait plus, il ne dormait plus, il ne parlait plus. Il ne faisait que ruminer la perte de ses biens. De nombreux médecins et psychiatres vinrent à son chevet mais malgré leurs soins, sa douleur ne diminuait pas, il ne guérissait pas. Il restait allongé, déprimé. Puis un jour, son fils arriva en courant pour lui annoncer : « Papa, as-tu entendu la nouvelle ? Les bureaux de la société de ton concurrent ont flambé. Il n'en reste rien – il a tout perdu. » A ces mots, notre homme, qui était resté si longtemps allongé, silencieux, sauta sur ses pieds en éclatant de rire. « C'est formidable ! Il a un tel ego que j'ai toujours pensé qu'il lui arriverait forcément malheur ! Fils, apporte-moi vite quelque chose à manger ! » s'écria-t-il. Voilà quelqu'un qui ne pouvait ni dormir ni manger mais qui fut transporté de joie en apprenant que son concurrent avait tout perdu.

Mes enfants, telle est la nature de notre bonheur. C'est le malheur des autres qui nous fait rire aujourd'hui. Ce rire-là n'est

pas authentique. L'attitude juste est au contraire de participer au bonheur et à la souffrance des autres, de considérer chacun comme une partie de notre propre Soi. Pour goûter à la béatitude qui est notre véritable nature, il faut d'abord que notre cœur devienne pur grâce à l'amour et à l'abnégation. C'est alors seulement que nous pourrons vraiment rire. Jusque là, notre rire n'est qu'un acte mécanique, dont nous ne retirons aucune joie réelle.

### Aimez sans attachement et servez sans rien attendre

Mes enfants chéris, certains d'entre vous s'étonnent peut-être de voir que l'ashram a fondé un hôpital. Le Seigneur ne s'est-Il pas incarné sous la forme de Dhanvantari (le dieu de la médecine) ? Il nous a bien montré que les remèdes et les traitement médicaux étaient essentiels, n'est-ce pas ? Les Ecritures disent qu'il faut prendre soin du corps. La vie des grandes âmes du passé en est un exemple. Sri Ramakrishna, Swami Vivekananda, Ramana Maharshi, tous se sont soignés quand ils étaient malades. Ils ne sont pas restés sans traitement, déclarant : « Je suis Brahman (la réalité absolue), je ne suis pas le corps. » Puisque la maladie fait partie de la nature du corps, il est important de se soigner et de maintenir le corps en bonne santé. Il n'y a pas de feu sans carburant. Si nous voulons connaître le Soi, il est nécessaire de prendre soin de notre instrument. La spiritualité n'est pas incompatible avec les hôpitaux et les traitements médicaux, au contraire, puisque la médecine nous aide à préserver le corps, l'instrument que nous utilisons pour connaître le Soi.

Beaucoup de gens sont venus résider à l'ashram après leur rencontre avec Amma. Ils sont venus d'Inde et d'outre-mer. Il y a parmi eux de nombreux médecins. Ils désirent vivre avec Amma, alors Amma a pensé leur donner la possibilité de faire du *seva* (service désintéressé) dans le domaine qui leur est familier, la médecine. Combien de gens peuvent méditer vingt-quatre heures par jour ? Que feront-ils le reste du temps, s'ils ne méditent pas ?

S'ils restent oisifs, de nombreuses pensées surgiront dans leur esprit. Ces pensées sont aussi des actions, et elles ne sont utiles à personne. Mais s'ils travaillent, ce sera un bienfait pour le monde.

Certains proclament qu'ils veulent uniquement la libération et rien d'autre, qu'ils ne désirent pas être soignés s'ils tombent malades et qu'ils sont prêts, le cas échéant, à en mourir. Mais pour obtenir la libération, ils ont besoin de la grâce de Dieu et pour recevoir celle-ci, il faut que leur cœur soit pur. Pour parvenir à cette pureté intérieure, il est nécessaire d'accomplir des actes désintéressés. Ce sont eux qui nous rendent aptes à recevoir la grâce divine. Et pour agir, il est nécessaire de préserver le corps en se soignant.

*Jnana* (la connaissance suprême) et *bhakti* (la dévotion) sont comme les deux faces d'une seule pièce et *karma* (l'action) en est la gravure. C'est elle qui donne à la pièce sa valeur.

On peut comparer *bhakti* et *karma* aux deux ailes d'un oiseau et *jnana* à la queue. Pour que l'oiseau puisse s'élever haut dans le ciel, il a besoin des trois.

Dans les *gurukulas* de jadis, les disciples travaillaient aussi. Ils ne considéraient pas cela comme un *karma* mais comme *guru seva*, le service du maître spirituel. Une action accomplie pour le maître n'est pas une action, c'est une méditation. Il est dit qu'il faut faire du *seva* à l'ashram en le considérant comme le corps du maître. Il faut ensuite voir le monde entier comme le corps du maître et le servir. C'est une véritable méditation. Garder ce principe constamment en mémoire est aussi une méditation.

La plupart des gens connaissent l'histoire du disciple qui s'est allongé pour combler la brèche dans la digue et empêcher que la récolte de son maître soit perdue, noyée sous les eaux[40]. Pour ce disciple, le champ n'était pas seulement un champ.

---

[40] Il s'agit d'une histoire tirée du Mahabharata. Le disciple était Aruni qui, grâce à la bénédiction de son maître spirituel, devint un grand sage.

Il était prêt à sacrifier son corps pour empêcher la destruction de la récolte de son maître. Il ne s'agit pas là d'une action ordinaire. L'oubli total de soi, c'est le stade suprême de la méditation. Dans les *gurukulas* de jadis, tout le travail était fait par les disciples. Ils allaient chercher du bois dans la forêt, emmenaient paître les vaches et faisaient encore bien d'autres travaux. A leurs yeux, il ne s'agissait pas d'un travail mais d'une pratique spirituelle. C'était le service du maître, c'était une forme de méditation.

Des centaines d'enfants d'Amma diplômés et avec une expérience professionnelle viennent vivre ici. Comment pourraient-ils se mettre à méditer toute la journée dès leur arrivée ? Il vaut beaucoup mieux faire un travail utile que de rester sans rien faire, incapable de méditer en laissant des pensées de plus en plus nombreuses polluer le mental. Chacun peut travailler dans le domaine qui lui correspond en récitant un mantra et cela est bénéfique aussi bien pour le monde que pour lui-même. De tels actes nous purifient intérieurement et nous rapprochent du but.

Nul ne parvient au but sans faire des efforts ; qu'il s'agisse du monde profane ou spirituel, l'effort est indispensable. Néanmoins, c'est la grâce divine qui permet à l'effort d'aboutir et lui confère sa beauté et pour l'obtenir, une attitude désintéressée est indispensable.

Mes enfants, quand vous servez le monde de manière désintéressée, vous pensez peut-être : « Avec tout ce travail, je n'ai pas une minute pour penser à Dieu. Je passe toute ma vie à travailler. Ma vie sera-t-elle vaine ? » Mais ceux qui agissent de manière désintéressée n'ont pas besoin de se fatiguer à chercher Dieu, car le véritable sanctuaire de Dieu est le cœur de celui qui se consacre au service du monde.

Voilà comment toutes ces institutions se sont développées. Quand les enfants d'Amma qui travaillaient dans le domaine de l'éducation sont venus, ils ont créé des écoles ; les informaticiens ont fondé des écoles d'informatique. Des ingénieurs sont arrivés et ils ont construit les bâtiments qui abritent ces institutions. Les médecins ont fondé les hôpitaux. Ils ne considèrent pas ce qu'ils font comme un travail mais comme une pratique spirituelle, comme une méditation, comme le service du guru (*guru seva*). Mes enfants, selon Amma, le souffle même de ceux qui se vouent ainsi au service du monde est bénéfique.

Certains adeptes de la voie du Védanta déclarent qu'une action crée en nous de nouvelles tendances, même si elle est accomplie pour le bien du monde. Mais ce sont là paroles de paresseux. Dans la Bhagavad Gita, Shri Krishna dit : « Arjuna, je n'ai rien à gagner dans les trois mondes, et pourtant je continue à agir. »

Agissez sans attachement. Agissez sans le sentiment : « Je suis celui qui agit. » Cultivez en revanche le sentiment : « C'est Dieu qui me fait agir ainsi. » Travailler ainsi ne nous lie pas, c'est au contraire l'instrument de notre libération. Tous les chapitres de la Bhagavad Gita soulignent l'importance de l'effort humain.

Même les Védantins[41] qui proclament : « Je suis Brahman, alors pourquoi devrais-je travailler ? » vont se faire soigner quand ils sont malades.

Ils exigent que le déjeuner leur soit servi à une heure précise et que leur lit soit fait à dix heures du soir. S'ils ont besoin qu'on les serve ainsi, pourquoi ne peuvent-ils concevoir que le monde, lui aussi, a besoin d'aide ? Si l'on défend le point de vue que tout ce qui existe est le Soi unique, alors on ne peut rien rejeter, il faut tout accepter. On peut mesurer le degré d'avancement spirituel d'une personne à sa capacité d'abnégation.

Selon certains, il suffit qu'un *sannyasi* aille vivre dans l'Himalaya. Mes enfants, le service du monde est le début de la véritable quête du Soi et c'est aussi son aboutissement. Notre devoir envers

---

[41] Ceux qui suivent la voie du Védanta.

Dieu est de nous montrer compatissants envers ceux qui souffrent, envers les indigents. Notre devoir suprême en ce monde est d'aider nos frères humains. Dieu, Lui, n'a besoin de rien. L'Être suprême est toujours complet. Le soleil n'a pas besoin d'une bougie. Dieu est le protecteur de l'univers, Il est la personnification de l'amour et de la compassion. C'est en nous imprégnant de cet amour et de cette compassion que nous ouvrons notre coeur. Les *sannyasis* apprennent à aimer sans s'attacher et à donner sans rien attendre. Ils doivent lâcher le bagage de l'égoïsme et prendre sur leurs épaules le fardeau du service du monde.

Ce qui nous qualifie pour recevoir la grâce de Dieu, c'est uniquement la capacité d'aimer et de servir tous les êtres vivants, sans aucun désir égoïste. Méditer sans se purifier intérieurement grâce au service désintéressé revient à verser du lait dans un récipient sale. Nous oublions cette vérité, nous oublions que notre devoir est de servir ceux qui se débattent au milieu des difficultés. Certes, nous allons au temple, nous y faisons des rituels d'adoration ; mais à la sortie du temple, nous ignorons les malades et les sans-travail qui tendent la main pour avoir un peu de nourriture ou même nous les chassons en criant. Mes enfants, la véritable adoration du Seigneur, c'est la compassion que nous manifestons envers ceux qui souffrent.

Donc, mes enfants, allons vers les nécessiteux. Mais tout en les servant, essayons de leur enseigner quelques principes spirituels. Il est important de nourrir les affamés, mais cela ne suffit pas. Même si nous leur permettons de se remplir le ventre, la faim reviendra au bout d'un moment. Expliquons-leur aussi les principes de la spiritualité. Aidons-les à comprendre le but de la vie et la nature du monde. Ils apprendront alors à être heureux et satisfaits en toutes circonstances. C'est ainsi que notre service sera réellement fructueux.

De nos jours, chacun cherche à s'élever dans l'échelle sociale. Personne ne se préoccupe de ceux qui sont moins favorisés.

Amma se rappelle une histoire. Il était une fois une pauvre veuve qui travaillait comme servante dans une maison riche. Sa seule fille était handicapée et elle l'emmenait avec elle quand elle allait travailler. Le riche employeur avait aussi une fille qui aimait beaucoup la jeune handicapée. Elle était tendre avec elle, lui donnait des sucreries et lui racontait des histoires. Mais cela ne plaisait pas à son père qui la disputait chaque jour : « Ne joue pas avec elle ! Pourquoi portes-tu cette enfant sale et handicapée partout où tu vas ? » Sa fille ne répondait pas. Il pensa qu'elle jouait peut-être avec la petite fille parce qu'elle n'avait pas d'autre compagne de jeu. Alors un jour il revint à la maison avec la fille d'un de ses amis. Sa fille lui sourit, lui parla gentiment, puis se remit à manifester de l'affection à la fille de la servante. Son père lui demanda : « Est-ce que tu n'aimes pas la petite fille que papa t'a amenée pour jouer ? » « Si, je l'aime beaucoup, répondit-elle, mais je voudrais dire quelque chose. Même si je ne l'aimais pas, elle ne manquerait pas d'amis. Mais tu sais, papa, la fille de la servante, elle, n'a personne d'autre. Si je ne l'aime pas, qui l'aimera ? »

Mes enfants, voilà quelle devrait être notre attitude. Aimons les pauvres de tout coeur, aimons ceux qui souffrent. Ayons de la sympathie pour eux et aidons-les. C'est notre devoir envers Dieu.

« Alors, si telle est la grandeur du service désintéressé, à quoi servent la méditation et l'ascèse (*tapas*) ? » vous demanderez-vous peut-être. Mes enfants, si une personne ordinaire est comparable à un poteau électrique, un ascète est un transformateur. Grâce aux austérités, il est possible d'acquérir une grande puissance. Cela revient à construire un barrage hydraulique sur une rivière qui a neuf bras. Mais il faut en outre être prêt à consacrer l'énergie ainsi obtenue au service du monde. Soyons prêts à tout offrir, comme un bâton d'encens qui se consume et répand son parfum.

La grâce de Dieu se répand automatiquement sur ceux qui ont le cœur aussi ouvert.

Mes enfants, efforçons-nous de cultiver la compassion. Nous devrions éprouver le désir ardent de servir ceux qui souffrent. Soyons prêts à oeuvrer pour le bien du monde en toutes circonstances.

Beaucoup de gens méditent simplement en fermant les yeux, ou bien ils attendent que le troisième œil s'ouvre afin de transcender la vision ordinaire du monde. Ils ne réussiront pas. Il est important de méditer, mais cela ne suffit pas. Il est impossible, au nom de la spiritualité, de fermer les yeux au monde. Réaliser le Soi, c'est être capable de voir son propre Soi en tout être vivant, en gardant les yeux ouverts. Voyant son propre Soi en l'autre, il faut l'aimer et le servir. C'est ainsi que la pratique spirituelle atteint la perfection.

# Troisième partie

# Ses mains et Ses pieds sont partout

Ses mains et Ses pieds sont partout,
Ses yeux, Ses têtes et Ses oreilles sont de tous les côtés,
Il demeure dans le monde et enveloppe tout.

*- Bhagavad Gita (13:14)*

Mes enfants,
ce pays ne pourra se développer et prospérer que
si nous créons des êtres qui possèdent la force et la
vitalité du Soi et une attitude d'abandon à Dieu.

*- Sri Mata Amritanandamayi*

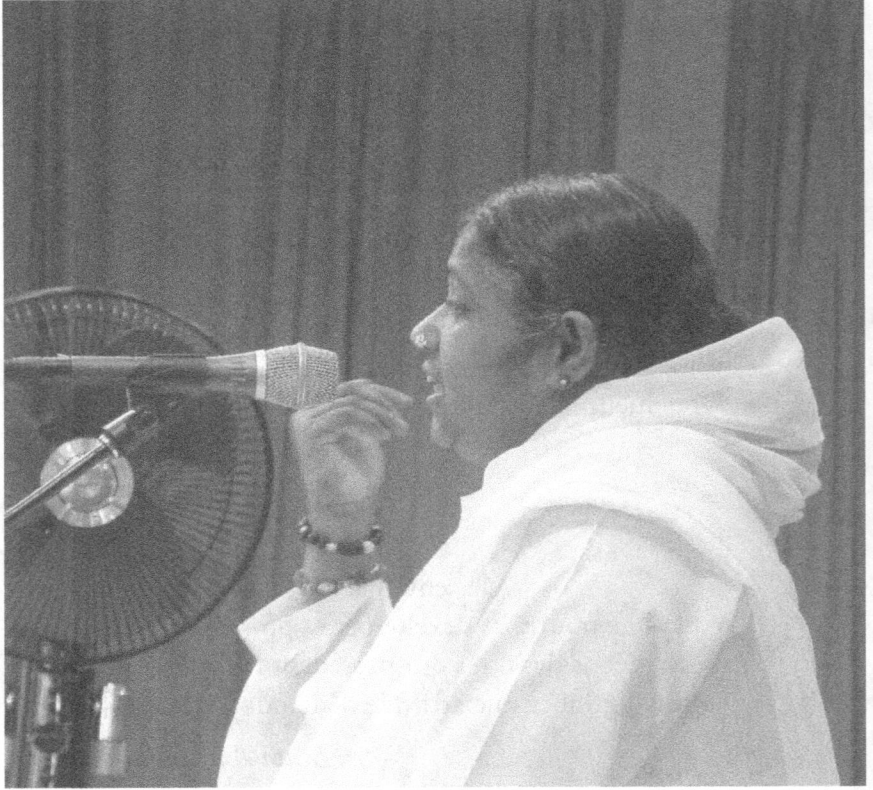

*Amma parlant à ses enfants pendant la fête d'Onam*

# L'amour universel – l'accomplissement de la dévotion

*Message d'Amma lors de la célébration*
*de la fête d'Onam à Amritapuri*

La fête d'Onam nous rappelle l'histoire d'un dévot qui se fond en l'Être suprême. Mais pour se fondre en Dieu, il faut Lui abandonner totalement son mental.

Comment offrir son mental ? Quand nous offrons ce à quoi le mental est le plus attaché, cela équivaut à l'offrir. Et aujourd'hui, c'est aux biens matériels qu'il s'attache le plus. Nous ne sommes pas prêts à renoncer à la moindre chose. Si nous partons en pèlerinage, nous emportons des pièces à donner aux mendiants. Mais nous avons autant que possible réuni des piécettes d'un ou deux paisas[43], en tous cas, rien qui vaille plus de cinq paisas[42].

Le but de la charité, c'est de libérer notre mental de son égoïsme tout en procurant aux pauvres ce dont ils ont besoin. Notre avarice se manifeste cependant jusque dans les actes charitables. Même quand il s'agit de faire une offrande à la divinité du temple, nous lésinons. L'abandon réel à Dieu ne se réduit pas à des paroles, il se manifeste par des actes. Le dévot sincère est celui qui s'abandonne totalement à Dieu. Aujourd'hui, nous n'avons même pas le droit de prononcer le mot « dévot ». Mais Mahabali était différent. Il a offert à Dieu tout ce qu'il avait. En conséquence, il a aussitôt atteint l'état suprême. On dit souvent que le Seigneur, avec le pied, a envoyé Mahabali dans le monde inférieur, Patala, mais c'est faux. Le Seigneur a permis à l'âme de Mahabali de se fondre en Lui. Et le corps, produit de l'ignorance, a été envoyé dans le monde qu'il méritait.

---

[42] Un paisa est le centième d'une roupie.

Mahabali descendait d'une lignée d'*asuras*[43], et pourtant, c'était un dévot doté de nombreuses vertus.

Mais il était aussi très orgueilleux et pensait : « Je suis le roi ! Je suis assez riche pour faire n'importe quel cadeau ! » Il ne se rendait pas compte que son orgueil lui faisait perdre tout ce qu'il aurait dû gagner. Il était de nature généreuse mais sa vanité l'empêchait d'en récolter les bienfaits.

Le devoir du Seigneur est de libérer le dévot de son ego. Il prit donc la forme de Vamana, le nain divin[44], et se rendit à la cour de Mahabali.

Il demanda simplement trois pas de terre. Mahabali songea que c'était là vraiment une requête dérisoire de la part du Seigneur ; n'avait-il pas le pouvoir de lui donner un royaume entier ? Mais en deux pas immenses, Vamana couvrit l'ensemble du royaume ; Mahabali avait tout perdu et son ego aussi disparut. « Comme toutes mes possessions sont insignifiantes devant le Seigneur ! A côté de Lui, je ne suis rien. » L'humilité s'éveilla en lui. « Je n'ai aucune capacité. Tous les pouvoirs Lui appartiennent ! » Son orgueil anéanti, Mahabali se prosterna devant le Seigneur. Il se fondit en l'Être suprême. En vérité, la grâce de Dieu élimina en lui le sentiment du « moi » et du « mien » et il s'unit aux pieds du Seigneur. Donc, contrairement à ce que l'on décrit souvent, le Seigneur ne poussa pas Mahabali du pied pour l'envoyer dans les mondes inférieurs.

Le Seigneur demanda finalement à Mahabali : « N'as-tu aucun désir ? » Mahabali répondit : « Je n'aspire qu'à une chose : jeunes ou vieux, tous les êtres humains devraient pouvoir manger à leur faim, porter des vêtements neufs et danser ensemble le coeur joyeux ; mon souhait est que la joie et la paix règnent en ce monde. » C'est-là le désir d'un vrai dévot. Son unique désir est

---

[43] Un *asura* est un démon ou une personne dotée de traits démoniaques.

[44] Une incarnation du dieu Vishnou.

que tous les êtres vivants en ce monde soient heureux. Lorsque l'on se tourne vers la voie qui mène à Dieu, il y a toujours des gens pour se plaindre que vous avez abandonné tout le monde dans le but d'obtenir votre propre libération ou d'aller au Ciel. « N'est-ce pas un acte égoïste ? » disent-ils. Mais si le dévot prend refuge en Dieu, c'est pour aimer et servir le monde de manière désintéressée. C'est pour cela qu'il se livre à des austérités. Il aspire à vivre dans un monde où tout le monde trouve la joie en chantant les noms divins.

Aujourd'hui, c'est le jour de l'abandon total à Dieu. Tant que le sens du « moi » persiste, il est impossible d'atteindre l'état suprême. Il faut pour cela qu'il n'y ait plus en nous la moindre trace d'égoïsme.

Amma se rappelle une histoire. Dans l'ancien royaume de Magadha vivait un roi du nom de Jayadeva. Il avait trois fils. Comme il vieillissait, le roi décida de renoncer au trône et de se retirer pour mener la vie d'un *vanaprastha*. Le trône aurait dû normalement revenir au fils aîné, mais le roi désirait le transmettre à celui de ses fils qui aimerait vraiment le peuple d'une manière altruiste. Il fit appeler ses trois fils et leur demanda : « Avez-vous récemment fait quelque bonne action ? »

Le fils aîné répondit : « Oui, j'ai fait une bonne action. Un ami m'a confié la garde de pierres précieuses. Quand il me les a réclamées, je les lui ai toutes rendues.

- Et alors ? dit le roi

- J'aurais pu voler quelques pierres parmi toute sa collection, dit le prince.

- Alors, pourquoi les lui as-tu rendues ?

- Si j'avais volé quoi que ce soit, j'aurais eu des remords et cela m'aurait tourmenté.

- C'est donc pour éviter de souffrir que tu t'es abstenu de voler » dit le roi.

Il appela le second prince et demanda : « As-tu fait une bonne action ?

- Oui, j'étais en voyage quand j'ai aperçu un enfant emporté par le courant rapide d'une rivière. Il était en train de se noyer et de plus, la rivière était pleine de crocodiles. Il y avait beaucoup de gens tout autour mais personne ne se risquait à plonger pour sauver l'enfant, par crainte des crocodiles. Pourtant, j'ai sauté dans la rivière et je l'ai sauvé ! »

- Pourquoi étais-tu prêt à risquer ta vie pour lui ? demanda le roi.

- Si je ne l'avais pas fait, les gens auraient dit que la peur m'avait fait fuir, alors que je suis fils de roi. Ils m'auraient traité de poltron !

- C'est donc pour mériter les louanges et pour sauvegarder ta réputation que tu l'as sauvé, dit le roi.

Il appela son troisième fils et lui posa la même question : « As-tu fait quelque bonne action ?

- Je n'ai pas fait de bonne action, que je sache, dit le jeune prince.

Alors le roi s'est inquiété. Comme il ne croyait pas à la réponse de son fils, il fit appeler ses sujets pour les interroger. « Êtes-vous au courant de quelque bonne action que le plus jeune de mes fils aurait faite ? »

Ils firent tous la même réponse : « Il se renseigne toujours pour savoir si nous avons ce qu'il faut, si nous sommes heureux. Quand nous avons besoin d'argent, il nous en donne ; si nous sommes affamés, il nous envoie de la nourriture ; il construit des maisons pour les sans-abri. La liste de ses bonnes actions est sans fin mais il nous a demandé de n'en parler à personne. »

Le roi Jayadeva comprit alors que le meilleur de ses fils était le dernier et c'est à lui qu'il confia le trône.

Mes enfants, quoi que vous fassiez, faites-le sans l'attitude « *Je fais cela* ». N'agissez pas pour impressionner les autres. Considérez chaque action comme une manière d'adorer Dieu. Si nous pouvons faire quoi que ce soit, c'est uniquement grâce à la puissance divine. Le puits déclare : « Les gens se désaltèrent de mon eau ; c'est grâce à moi qu'ils se lavent et nettoient leur maison. » Mais le puits ne se demande pas d'où provient son eau.

Mes enfants, nous ne sommes que des instruments. Tout est accompli par la puissance divine. Ne l'oubliez pas ! A chaque pas, abandonnez-vous totalement à Dieu. Il vous protègera.

Mes enfants, notre amour devrait être dirigé vers l'Être suprême, c'est à Lui que nous devrions nous attacher. Ceux que nous appelons les nôtres, nos relations, tous nous quitterons s'il se produit le moindre changement dans notre situation. L'Être suprême est notre vrai parent. Lui seul est éternel. Soyons-en toujours conscient car alors, nous ne connaîtrons pas le chagrin.

« O Mère, si je te tiens la main, je pourrais bien la lâcher pour courir après un jouet que j'ai vu ! Je risque de tomber dans les puits que sont les joies et les chagrins de ce monde. Mais si Toi tu me par tiens la main, cela n'arrivera pas car Tu es toujours avec moi. Je suis en sécurité entre Tes mains » Priez ainsi, mes enfants ; prenez soin de penser constamment à Dieu. Abandonnez-vous totalement à Lui ! Vous accèderez alors à l'état suprême, c'est certain.

*Amrita Kripa Sagar, l'hospice pour les malades du cancer au stade terminal situé à Mumbai (Bombay).*

# La compassion – le cœur
# de la spiritualité

*Discours de bénédiction prononcé par Amma lors de la pose de la première pierre de l'hospice de Mumbai (Bombay) pour les malades du cancer en phase terminale, Amrita Kripa Sagar. Cet hospice a été ouvert en 1995 par l'organisation d'Amma, le M.A.Math.*

Mes enfants, nous n'avons pas besoin de discours, mais d'actions. Amma a maintenant voyagé dans la plupart des continents. Elle a eu l'occasion de rencontrer des centaines de milliers de personnes ; elle a été témoin de leur souffrance. C'est pourquoi elle a décidé de créer cette institution.

L'amour est ce qui manque le plus dans le monde actuel. De nombreux couples viennent pour le *darshan* d'Amma. La femme lui confie : « Mon mari ne m'aime pas ! » Et si Amma demande au mari : « Fils, pourquoi est-ce que tu ne l'aimes pas ? » il répond généralement : « Mais je *l'aime* ! Simplement, je ne le montre pas ! »

Mes enfants, à quoi sert du miel enfermé dans le creux d'un rocher ? A quoi bon donner un bloc de glace à quelqu'un qui meurt de soif ? Quand vous déclarez : « Mais au fond de mon cœur, je l'aime ! » il s'agit d'un comportement similaire. Il faut exprimer clairement votre amour, mes enfants.

Sans le passeport de l'amour, il est impossible d'obtenir le visa de la libération. Selon les Ecritures, il faut désirer donner au monde ce que nous souhaitons en recevoir. Nous voulons que les autres nous apportent de la joie, il ne faut donc pas leur donner du chagrin. Le Christ a dit qu'il fallait aimer son prochain comme soi-même. Le Coran dit que si l'âne de notre ennemi tombe malade, il faut le soigner. Mais aujourd'hui, notre façon de penser est différente. La vie a complètement changé. Il n'y a plus de compassion. Si le commerçant d'à côté fait faillite ou si les voisins sont malheureux, nous voilà contents. Et s'ils sont heureux, nous voilà tristes. Voilà toute la compassion que nous éprouvons pour autrui !

Mes enfants, aimer réellement, c'est connaître la Vérité. L'amour réel est Dieu. C'est le *dharma* et c'est aussi la béatitude.

Lorsque le véritable amour est présent, il est impossible de mentir car il n'y a pas de place pour autre chose que la vérité. Nous ne faisons pas de mal à ceux que nous aimons réellement. Dans cet état, toute violence disparaît. Là où réside l'amour vrai, toute dualité disparaît. Quand une rizière est sous l'eau, les petits murets de terre délimitent des carrés. Si on enlève ces murets, il ne reste qu'une étendue d'eau. Dans l'amour, toutes les distinctions disparaissent. L'amour englobe tout.

Il se peut que certains aient une autre conception de l'amour, et ce n'est pas un problème. Celui qui cherche de la nourriture pour ses vaches voit de l'herbe partout tandis que l'herboriste, lui, repère dans le même pré les plantes médicinales. Les êtres humains ont des natures différentes et on peut interpréter les choses autrement. Mais ceci est la voie d'Amma.

La rivière qui coule à flots n'a pas besoin d'eau. C'est nous qui avons besoin de l'eau pure de la rivière pour nettoyer nos canalisations. Dieu n'attend rien de nous. Tant de gens souffrent autour de nous. Consolons-les, donnons-leur l'aide dont ils ont besoin. C'est cela, le véritable principe spirituel.

Beaucoup des enfants d'Amma arrivent en pleurs. Elle a un jour demandé à un garçon qui pleurait : « Que se passe-t-il, mon fils ? » Il a répondu : « Ma mère a le cancer et hier elle a crié de douleur pendant huit heures. Nous n'avons pas d'argent pour acheter des calmants. »

Imaginez l'agonie de cette femme qui crie de douleur pendant huit heures parce que sa famille n'a pas les dix ou vingt roupies que coûtent les cachets ! Amma connaît d'innombrables cas similaires. Ce jour-là, Amma a décidé de faire quelque chose pour les aider. Et c'est pourquoi nous construisons cet établissement.

En réfléchissant à la souffrance de ces malades, un autre élément vient à l'esprit d'Amma. Quand un malade crie parce que la douleur est insupportable, il y a souvent dans l'appartement voisin des ivrognes qui cassent tout. S'ils avaient la moindre compassion pour ceux qui souffrent, leur égoïsme s'évanouirait.

Les êtres compatissants recevront la compassion de Dieu, le Principe suprême, et ils connaîtront la béatitude de leur propre Soi. Les héros sont ceux qui trouvent la joie à l'intérieur d'eux-mêmes. C'est cela qui montre qu'un être humain est courageux. Ceux dont le bonheur repose sur des objets extérieurs ne sont pas courageux mais faibles.

Lorsqu'on ne peut plus rien faire pour un malade du cancer, les médecins arrêtent les traitements. La famille comprend qu'on ne peut plus rien faire, ils se mettent à haïr les médecins et abandonnent le mourant, qui se retrouve sans aucun soutien. Le malade s'éteint peu à peu, il s'attend à mourir d'un instant à l'autre. Il lui faut endurer la douleur physique, à laquelle vient encore s'ajouter la souffrance causée par le rejet familial. On peut voir de tels mourants dans les rues de Mumbai (Bombay).

Nous cherchons tous l'occasion de faire des pratiques spirituelles et de servir Dieu, alors aidons et consolons ceux qui vivent dans la souffrance, parlons-leur aussi des valeurs spirituelles. C'est en cela que réside l'espoir d'Amma. Beaucoup de malades sont désespérés. Les aider, c'est le véritable service de Dieu.

Mes enfants, prier ne se résume pas à répéter un mantra. Une parole aimable, un sourire, de la compassion, tous cela fait partie de la prière. Si nous ne répandons pas la bonté, nous aurons beau pratiquer l'ascèse (*tapas*), cela revient à verser du lait dans un récipient qui n'a pas été nettoyé.

Certains posent la question : « Qu'est-ce qui est plus important, les pratiques spirituelles ou le service (action) ? » Le véritable *tapas*, c'est de garder l'équilibre du corps et de l'esprit en toutes circonstances. Certains sont de grands méditants mais il suffit d'une vétille pour qu'ils explosent de colère. Quand cela se produit, ils n'ont aucune idée de ce qu'ils disent ou de ce qu'ils font. D'autres servent avec beaucoup de sincérité et d'enthousiasme mais s'effondrent quand ils sont confrontés à des problèmes mineurs ; ils perdent complètement le contrôle de leur mental. Il ne suffit donc pas de se concentrer sur un seul de ces aspects, la méditation ou le service (action). Les deux sont nécessaires. Si un être ordinaire possède la puissance d'éclairage d'une bougie, il peut briller comme le soleil en se livrant à des austérités (*tapas*). Toutefois, aux yeux d'Amma, le vrai *tapasvi* est celui qui consacre toute la puissance obtenue grâce au *tapas* au service du monde.

Puisse cette institution recevoir votre bénédiction à tous. Telle est la prière d'Amma.

# La vraie richesse, c'est l'amour

## *Message d'Amma pour Onam, 1995*

Mes enfants, en ce jour, nous célébrons l'unité et la fraternité. C'est la seule voie vers le bonheur authentique. Cette journée est celle où nous goûtons la vraie joie. C'est pourquoi on disait autrefois : « Festoyez le jour d'Onam, même si vous devez pour cela vendre votre terre. » Ces paroles reposent sur un principe essentiel. Notre désir est toujours d'acquérir. Nous voulons amasser, au point que nous renonçons parfois à manger et à dormir pour accumuler plus. Nous entrons en compétition et n'éprouvons que peu d'amour pour notre famille ou nos amis. Nous ne pensons qu'au travail et à l'argent. Mais nous ne pouvons rien emporter de tout cela quand la mort vient. Si nous examinons la vie de ceux qui vivent en égoïstes, nous constatons qu'en réalité, ils vivent en enfer, et c'est encore là qu'ils vont après leur mort. Mes enfants, la seule chose qui soit supérieure à tout, la seule chose éternelle, n'a rien à voir avec la fortune, le pouvoir, les titres ou la position sociale. C'est l'amour.

Deux époux discutent.

« Je vais monter une grande affaire. Plus tard, nous serons très riches, dit le mari.

- Mais est-ce que nous ne sommes pas riches maintenant ? répond sa femme.

- Que veux-tu dire ? Nous arrivons tout juste à joindre les deux bouts.

- Mon chéri, n'es-tu pas avec moi et ne suis-je pas là, près de toi ? Alors, que nous manque-t-il ? »

Le mari, touché par ses paroles affectueuses, versa des larmes d'amour et prit sa femme dans ses bras. Mes enfants, l'amour est la vraie richesse, l'amour est la vraie vie.

De nos jours, les gens ont beau être riches, ils vivent en enfer parce qu'il n'y a pas d'amour entre eux. L'égoïsme seul règne. Cela ne signifie pas qu'il ne faut pas chercher à faire fortune ou que les richesses sont inutiles. Mais comprenez que rien ne sera éternellement avec nous, que rien ne nous accompagnera quand nous quitterons ce monde. Munis de cette compréhension, nous ne danserons pas de joie si la fortune nous sourit et nous ne serons pas non plus inconsolables en cas de perte. Même si nous perdons nos biens matériels, nous conserverons le trésor éternel de l'amour ; cet amour fera régner la paix et l'harmonie dans notre vie.

A propos d'Onam, beaucoup de gens estiment que Mahabali a subi un sort injuste. « Le Seigneur n'a-t-Il pas, avec le pied, poussé Mahabali dans les mondes inférieurs, alors même qu'il Lui avait tout offert ? » demandent-ils. Il est vrai que Mahabali avait abandonné toute sa richesse matérielle, mais il agissait toujours avec le sentiment : « C'est moi qui fais cela ». Ceci, il n'y avait pas renoncé. Ce « moi » était l'offrande que désirait le Seigneur. Le devoir de Dieu est de protéger Ses dévots. On dit souvent que la tête est le siège de l'ego. Quand nous inclinons la tête devant quelqu'un, nous perdons notre ego. C'est une attitude qui n'est spontanée chez personne. En se prosternant devant le Seigneur, Mahabali abandonnait en fait la conscience du corps pour entrer dans le monde du Soi. Voilà ce que nous enseigne cette histoire.

Un homme riche eut le désir de devenir *sannyasi*. Il distribua toute sa fortune. Il construisit une petite hutte au sommet d'une montagne et s'y installa. Ayant ouï dire qu'un nouveau *sannyasi* habitait en haut de la montagne, beaucoup de gens vinrent le voir. Et tout ce qu'il avait à dire, c'était : « Savez-vous qui je suis ? Avez-vous une idée de la fortune à laquelle j'ai renoncé ? Tout ce que vous voyez là-bas m'appartenait ! J'en ai fait don à différentes personnes. » Il avait tout distribué et il était parti, mais rien de tout cela n'avait quitté son mental !

C'était aussi le cas de Mahabali. Mais le devoir du Seigneur est de sauver Son dévot. Ce qui faisait obstacle au progrès de ce dévot si généreux et si ouvert, c'était le sentiment du moi, l'ego. Pour éradiquer l'ego, l'humilité et la grâce des *mahatmas* (êtres réalisés) sont indispensables.

Mes enfants, quelle que soit l'histoire que vous choisissez, le message fondamental est le même : c'est l'amour. Aimez-vous les uns les autres ! Aimez d'un cœur ouvert. Aimez-vous les uns les autres sans rien attendre. Il sera alors inutile de partir en quête du Paradis.

## La pratique spirituelle de l'amour

Il était une fois un ashram où vivait un maître spirituel avec ses disciples. Le maître quitta son corps et les disciples vécurent un moment ensemble dans l'harmonie. Mais peu à peu, leurs pratiques spirituelles se relâchèrent. Ils cessèrent de méditer et de répéter leur mantra. Le mépris mutuel et la jalousie grandirent au sein de la communauté. Les moines ne s'intéressaient plus qu'à leur statut et à leur position. L'atmosphère de l'ashram changea. Le nombre des visiteurs diminua peu à peu et le silence régna. Quand les gens s'éprennent du pouvoir et du prestige, ils deviennent fous. Ils ne respectent plus aucune règle de conduite. Un des disciples se désolait pourtant de voir l'ashram dans cet état. Il alla voir un saint très âgé qui vivait près du monastère et il lui décrivit la situation : l'ashram, qui accueillait autrefois des centaines de personnes chaque jour et où régnait une atmosphère de joie, ressemblait maintenant à un cimetière.

Le saint l'écouta puis déclara : « Il y a parmi vous un saint, mais il dissimule son véritable état. Si vous l'écoutez, la grandeur de l'ashram surpassera encore celle qu'il avait autrefois et sa renommée se répandra partout. » « Qui est-ce donc ? » demanda le disciple. Mais le saint était déjà entré en *samadhi*[45].

Le moine rentra à l'ashram porteur de la grande nouvelle et il réfléchit profondément à ce qu'il avait appris. « Qui est donc le saint parmi nous ? » dit-il à un autre moine. « Est-ce le cuisinier ? J'en doute. Il ne sait même pas cuisiner correctement ! A cause de lui, il y a bien longtemps que nous n'avons rien mangé de bon. Comment pourrait-il être un saint ? Serait-ce le jardinier ? Non, il ne fait attention à rien. Il est très impulsif. Alors, le moine qui s'occupe des vaches ? C'est peu probable. Il est terriblement coléreux. » L'autre disciple répondit : « Pourquoi critiquer leurs actes ? On ne peut pas reconnaître les saints à leurs actions. Ils agissent uniquement pour notre bien à venir. Pour recevoir leurs bienfaits, il faut se montrer humble envers eux, n'est-ce pas ? Il ne faut donc pas les critiquer. J'ai une proposition : soyons humbles envers tous ceux qui vivent ici à l'ashram. Essayons d'aimer les autres sans les critiquer. Observons la discipline de l'ashram comme nous le faisions autrefois. » Les deux moines se sont donc efforcé d'aimer tout le monde et ont adopté un comportement humble et courtois. Inspirés par leur exemple, les autres moines en ont fait autant. Tout le monde était heureux et l'ashram retrouva son atmosphère de fête. Le lieu devint encore plus saint qu'auparavant. Et tous les résidents de l'ashram méritèrent de réaliser Dieu.

Mes enfants, l'amour est le fondement de tout. L'abandon à Dieu et la compassion sont une seule et même chose. Dieu est en nous mais cette présence intérieure n'existe actuellement qu'à l'état latent. Pour que cette graine germe, il faut l'arroser avec l'eau de la compassion. Le liquide de l'égoïsme la fera périr, c'est certain. Manifester de la compassion, c'est faire quelque chose

---

[45] Un état intérieur d'union parfaite avec l'Être suprême, avec la Réalité absolue. C'est un état dans lequel l'expérience, l'expérimentateur et le contenu de l'expérience ne font plus qu'un.

pour les autres et non pas pour soi seul. Seule l'eau qui jaillira de cette source permettra à la graine de grandir.

La méditation seule ne suffit pas, mes enfants. La compassion est tout aussi indispensable. On lave les vêtements avec du savon, mais pour enlever les taches, il faut un produit plus fort. Ainsi, à la pratique de la méditation doit s'ajouter la compassion. L'amour et la sympathie nécessaires pour aider les pauvres doivent habiter notre cœur. C'est cela, le véritable service de Dieu. La grâce de Dieu ne se répandra que sur un cœur rempli de compassion.

## La pratique spirituelle intérieure

Amma dit toujours que la méditation est aussi précieuse que l'or. La méditation assure notre progrès spirituel et matériel. Une monnaie n'a cours que dans son pays d'origine, elle ne vaut rien ailleurs. Et dans le pays même, un billet de banque n'a aucune valeur s'il lui manque le numéro de série. Mais dans le cas d'une pièce d'or, c'est différent. Même s'il manque la gravure, sa valeur est reconnue dans n'importe quel pays. La méditation est comme la pièce d'or. Le temps consacré à la méditation n'est jamais perdu. Mais de l'or qui répandrait aussi un merveilleux parfum, imaginez quelle serait sa valeur ! Un être qui médite et qui a en outre de la compassion est pareil à de l'or parfumé. Alors, tout ce qui fait obstacle au flot de la grâce de Dieu disparaîtra.

Beaucoup de gens viennent ici pour se plaindre : « Untel m'a jeté un mauvais sort ! On m'a ensorcelé, » etc. Ne croyez pas à tout cela, mes enfants ! Nous récoltons simplement les fruits de nos actions antérieures. Il ne sert à rien de blâmer qui que ce soit. La vie est faite de joies et de peines. Pour être en équilibre et aller de l'avant, il faut comprendre la spiritualité. Le soi-disant destin est le fruit de nos actes passés. Cela signifie que toutes nos actions ont une grande importance. Donc, au lieu de dépenser inutilement votre argent chez les sorciers et autres gens de cet acabit, efforcez-vous de prier avec concentration et d'aider ceux qui en ont réellement besoin. Ces bonnes actions auront sûrement le résultat désiré.

Seuls ceux qui se sont livrés à d'intenses austérités (*tapas*) peuvent manifester la puissance des mantras. De tels êtres pourraient certainement nous nuire en employant certains mantras. Il existe des mantras nuisibles, comme il en existe de bienfaisants. Mais qui, de nos jours, est capable d'acquérir de tels pouvoirs en se livrant à l'ascèse ? Il est donc inutile d'avoir peur, mes enfants. Selon l'heure de notre naissance, (*qui détermine notre horoscope ndt.*), notre destin est de souffrir au cours de certaines périodes de notre vie. Quand la chaleur est intense, nous sommes incapables de nous concentrer. Un ivrogne ne sait pas ce qu'il dit et ses paroles inconsidérées risquent de lui attirer la colère et les coups d'autres personnes. De même, certaines périodes difficiles de notre vie sont déterminées par notre heure de naissance. Nous attribuons cela aux effets de Mars, de Saturne, de Rahou, etc. Au cours de telles périodes, il se peut que nous subissions des pertes financières, des accidents, des querelles, des maladies, que surviennent des souffrances qui frappent notre famille et nos amis, des obstacles ou encore que l'on nous réprimande pour des erreurs que nous n'avons pas commises. De tels évènements ne sont pas causés par la sorcellerie ou la magie noire et au lieu de dépenser votre argent chez les sorciers, vous feriez mieux de payer vos dettes. Lors de telles périodes, ne soyez pas paresseux. Essayez de méditer, de concentrer votre esprit sur Dieu. Récitez le *Lalita Sahasranama* chaque jour sans faillir et répétez constamment des mantras. Vous pourrez ainsi grandement réduire l'intensité de la souffrance. Grâce à de tels efforts, il est possible de surmonter quatre-vingt-dix pour cent des difficultés que le destin nous réserve.

Mes enfants, il faut encore garder autre chose en mémoire : ne faites jamais de mal à autrui, parce que cela vous nuira ensuite énormément. Si nous blessons quelqu'un qui n'a rien fait de mal, cette personne va s'écrier, le cœur brisé : « O Seigneur, je ne sais rien de tout cela, pourquoi dois-je entendre de telles paroles ? » Cette souffrance nous affectera de manière subtile et, dans le futur, nous nuira. C'est pourquoi il est dit qu'il ne faut blesser personne, ni en pensée, ni en paroles, ni en actes. Si nous ne pouvons pas apporter le bonheur aux autres, faisons au moins attention à ne blesser personne. Cette attitude nous apportera la grâce divine.

Pour décrocher un travail, il faut lire les petites annonces, passer des tests et se présenter à des entretiens. Le poste est souvent attribué à des candidats qui, lors des tests et pendant les entretiens, n'ont pas très bien réussi. Si tout se déroulait conformément à notre volonté, ce sont les meilleurs qui obtiendraient les postes. Mais ce n'est pas toujours le cas. Le facteur déterminant est donc la volonté de Dieu. Le mieux est donc de s'abandonner à Sa volonté. Si les candidats moins brillants obtiennent ces emplois, c'est que le chef du personnel a ressenti envers eux une certaine compassion, qu'il n'a pas éprouvée envers les autres. Cette compassion est le fruit des bonnes actions antérieures du candidat. C'est l'effet de la grâce de Dieu. Si nous essuyons quelques échecs, ne nous attristons pas. Faisons de bonnes actions, nous pourrons ainsi recevoir la grâce de Dieu.

Nous avons besoin de la compassion d'autrui, qui provient de la grâce de Dieu ; pour recevoir cette grâce, il est nécessaire que nous fassions de bonnes actions.

Nous semons les graines et mettons de l'engrais, nous creusons des puits et installons des pompes pour irriguer les cultures en été et nous enlevons régulièrement les mauvaises herbes. Mais voilà qu'au moment de la moisson survient une inondation et que toute la récolte est perdue. Nous voyons régulièrement de tels événements se produire. Comme la grâce de Dieu est absente, nos efforts ne portent pas leurs fruits.

L'effort et la grâce sont liés. Nous ne méritons la grâce de Dieu qu'en faisant de bonnes actions. Alors mes enfants, ne laissez entrer dans votre esprit que de bonnes pensées, parce que nos pensées déterminent la nature de nos actions. Prions le Seigneur pour que notre esprit nourrisse uniquement de bonnes pensées et pour que de bonnes actions en découlent. Om Namah Shivaya !

# Le service désintéressé, c'est la vérité non duelle manifestée

*Discours de bénédiction prononcé par Amma lors de l'inauguration d'Amrita Kripa Sagar, l'hospice destiné aux malades du cancer au stade terminal à Mumbai (Bombay).*

Salutations à vous tous qui êtes des incarnations de l'amour.

Voyant qu'on inaugure un hôpital (qui sera géré par l'ashram) certains des enfants d'Amma se demandent peut-être : « Quelle est la place du service dans la vie d'un *sannyasi*, dans une vie consacrée au renoncement ? » Mes enfants, la vérité, c'est que la compassion pour les pauvres est notre devoir envers Dieu.

Le soleil n'a pas besoin de la lumière d'une chandelle. C'est lui qui éclaire le monde entier. La rivière n'a pas à courir partout, en quête d'eau, pour étancher sa soif. C'est nous qui avons besoin de son eau pour nous désaltérer. De même, pour goûter une vie paisible et harmonieuse, nous avons besoin de la grâce de Dieu. Il faut nous ouvrir à l'amour et à la compassion de Dieu et partager cela avec les autres. C'est le seul moyen pour que notre vie soit remplie de lumière.

Nous allons au temple pour vénérer la divinité et en sortant, nous chassons le malheureux qui se tient à la porte et implore : « J'ai faim ! » Mes enfants, un tel comportement ne convient pas aux dévots du Seigneur. N'oubliez pas que la compassion envers les pauvres est notre devoir envers Dieu.

Un *sannaysi* avait sillonné le pays en quête de Dieu. Il explora les forêts, les montagnes, les temples et les églises, sans jamais trouver Dieu. Il finit par arriver dans un lieu désert. Il était très fatigué. C'était un endroit où il y avait beaucoup d'arbres et il y resta quelques jours.

Là, il voyait un couple passer quotidiennement, chacun des époux portant un récipient. Comme il n'y avait personne dans les environs, leur passage journalier éveilla sa curiosité ; il voulut savoir où ils allaient et un jour, secrètement, il les suivit et découvrit leur destination : ils se rendaient dans une léproserie. Cette terrible maladie provoquait des plaies qui couvraient tout le corps des malades. Comme ils n'avaient personne pour les aider, ils ne survivaient que grâce à la nourriture qu'ils recevaient parfois en aumône. Certains se tordaient de douleur. Le mari et la femme se dirigèrent vers ces lépreux et leur parlèrent avec amour. Avec beaucoup de compassion, ils nettoyèrent leurs plaies et leur donnèrent des médicaments. De leurs propres mains, ils firent manger aux malades la nourriture qu'ils avaient apportée. Ils leur parlèrent de choses positives et les couvrirent de draps propres. Le visage de ces pauvres malades s'éclairait à la vue du couple car les époux prenaient soin d'eux avec un tel amour, que pendant leurs visites, ces lépreux oubliaient tous leurs soucis.

Le *sannyasi* s'approcha des époux et leur demanda s'ils voulaient bien lui raconter leur histoire. Il apprit ainsi qu'ils finançaient leurs dons en économisant une partie de leur salaire

Le *sannaysi* n'avait jamais rien vu de pareil. Devant un tel comportement, il s'écria très fort : « Aujourd'hui, j'ai vu Dieu ! » et il se mit à danser de joie.

Les témoins de la scène, surpris, se demandaient s'il n'avait pas perdu l'esprit. « Il dit qu'il a vu Dieu ! Où est donc Dieu ? Ce lépreux est-il Dieu ? » Ils allèrent lui demander : « Vous dites que vous avez vu Dieu. Qui est Dieu ? » Il répondit : « Voyez-vous, là où règne la compassion, Dieu est présent. Dieu réside dans un cœur rempli de compassion. Le vrai Dieu, c'est la personne qui possède un tel cœur. »

Amma se rappelle une autre histoire. Une femme se consacrait totalement au service des indigents. Mais elle avait un doute. Elle a prié : « Seigneur bien-aimé, à cause de tout ce travail, je n'ai pas un moment pour penser à Toi ou communiquer avec Toi. Ai-je tout de même une place près de Toi ? » Des larmes de tristesse lui montèrent aux yeux. Soudain, elle entendit la voix de Dieu. « Ma fille, même s'il te semble que tu n'as pas de place près de Moi, Je suis toujours près de toi ! »

Mes enfants, Dieu est présent quand quelqu'un sert les autres de manière désintéressée, c'est certain. Il en est qui prêchent partout l'*advaita* (la non dualité) en disant : « Tout n'est-il pas le Soi ? Alors qui doit aimer qui ? » La réponse à leur argument, c'est que l'*advaita* ne s'exprime pas par des mots, l'*advaita* est la vie. Percevoir et aimer tous les êtres comme notre propre Soi, c'est le véritable *advaita*. Alors, nous ne sommes plus identifiés à notre soi individuel ; nous ne nous percevons pas comme séparés du reste de l'univers, nous ne faisons qu'un avec lui. C'est cela, la non dualité, c'est cela, la vraie vie.

Les actes désintéressés créent automatiquement le paradis. Alors, demanderez-vous, n'est-il pas suffisant de servir sans rien attendre ? La méditation et la répétition d'un mantra sont-elles nécessaires ? Si un être ordinaire a la puissance d'un poteau électrique, un *tapasvi* (celui qui accomplit des austérités) peut acquérir une telle énergie qu'il devient pareil à un grand transformateur. Grâce aux pratiques spirituelles, en concentrant l'esprit sur un seul point au lieu de penser à des choses irréelles, nous verrons notre force augmenter. Alors nous n'aurons pas besoin de chercher la force de servir.

Efforçons-nous de développer un mental qui, comme un bâton d'encens, se consume en offrant son parfum au monde. Dieu ne répand Sa lumière et Sa grâce que dans un tel esprit. Ne manquons pas de compléter nos pratiques spirituelles par le service désintéressé. Cela revient à verser du lait dans un récipient bien nettoyé. En revanche, faire des pratiques spirituelles sans servir, cela revient à verser du lait dans un récipient sale. Mes enfants, ne croyez pas qu'il est possible de rester les bras croisés et de laisser les autres nous servir.

Un homme voit un jour un renard allongé au bord de la route, une jambe cassée. Il a pitié de l'animal et se dit : « Qui va apporter à manger à ce renard blessé ? Mais où Dieu a-t-Il donc la tête pour permettre des choses pareilles ! » Et il continue à accuser Dieu. Puis il se dit : « Bon, voyons si quelqu'un va venir le nourrir. » Il s'assied un peu plus loin. Peu après, un léopard arrive, portant dans la gueule un quartier de viande. Il en mange une partie et laisse le reste près du renard. « Mais le léopard apportera-t-il de nouveau à manger demain ? » se demande l'homme. Le lendemain, il revient et guette. Le léopard apporte encore de la viande au renard. Il le fait chaque jour. Alors l'homme songe : « Ce léopard apporte de la nourriture au renard. Alors à partir de maintenant, je ne vais plus travailler. Il y aura bien quelqu'un pour m'apporter à manger, à moi aussi. » Il change d'endroit et il s'assoit par terre. Un jour, puis deux passent. Rien ne vient. Le troisième jour, il est très faible. Il est sur le point de perdre la foi en Dieu quand il entend une voix : « Fils, ne sois pas comme le renard à la jambe cassée ! Prends modèle sur le léopard qui lui apporte à manger ! »

Mes enfants, il nous arrive souvent de penser : « Ces gens, là-bas, peuvent très bien servir le monde ! » ou bien « Que d'autres prennent soin de ceux qui souffrent. » Mais, mes chers enfants, rester oisif, sans faire aucun travail, c'est une offense envers Dieu. Dieu nous a donné la santé pour que nous puissions servir autrui tout en pensant à Lui. Soyons prêts à servir ceux qui se débattent au milieu des difficultés. Soyons toujours prêts à rendre service, à faire ce qu'exige la situation. Mes chers enfants, c'est le meilleur moyen d'obtenir la vision de Dieu. Dieu est toujours présent à l'intérieur de nous. Il n'est pas nécessaire de vagabonder en quête de Dieu. Mais la volonté de Dieu ne peut œuvrer à travers nous que quand le discernement s'éveille en nous. C'est alors seulement que nous pouvons percevoir un tant soit peu de Sa présence.

Mes enfants, jusqu'à présent, nous avons vénéré le Dieu invisible. Mais Dieu est maintenant apparu devant nous ! Tout autour de nous, il y a des gens qui souffrent et connaissent la misère. Ces gens-là sont le véritable Dieu ! Les aimer et les servir, c'est aimer et servir Dieu !

L'émotion qui domine chez ceux qui viennent finir leurs jours dans cet hospice, c'est la peur de la mort. Ce sont ceux pour qui tous les traitements ont échoué et qui ont perdu tout espoir. Leur âme tremble de douleur et de peur. Pour les soulager, il faut leur expliquer les vérités essentielles au sujet de la vie. Ils doivent comprendre que si l'ampoule éclate, le courant électrique, lui, ne s'arrête pas. *(C'est-à-dire que seul le corps (l'ampoule) meurt, ndt.)* Ils seront alors capables de quitter ce monde avec le sourire et le cœur en paix. Nous avons aujourd'hui l'occasion de les servir de cette manière. Prions le Tout-puissant pour que chacun trouve la paix.

*Entrée princi-
pale de l'hôpi-
tal AIMS
à Cochin,
Kérala*

# Tendre la main aux perdants

*Le discours de bénédiction d'Amma lors de l'inauguration de l'Amrita Institute of Medical Sciences (AIMS, Kochi, Kérala) mai 1998*

Salutations à vous tous qui êtes en vérité des incarnations de l'amour et du Soi suprême ! Bien qu'Amma ignore l'art de discourir et de donner des conseils, elle va essayer de dire quelque chose. Si elle commet des erreurs, elle vous prie de lui pardonner.

Mes enfants, la vie n'est pas faite uniquement pour les gagnants, mais aussi pour les perdants. La plupart des gens ne pensent qu'à ce qu'ils ont réussi et c'est uniquement de leurs succès qu'ils entretiennent les autres. Cependant, pour que la réussite soit durable, il est nécessaire de réfléchir à nos échecs et de leur prêter attention.

Une personne qui réussit croit généralement que cela est dû uniquement à son propre effort et elle s'efforce d'en convaincre les autres. En revanche, en cas d'échec, nous rejetons toujours la faute sur quelqu'un d'autre. On entend souvent : « Si seulement ils m'avaient écouté, nous aurions réussi ! » C'est que notre attitude face à l'échec est erronée.

Si quelqu'un échoue, cela implique que la personne a essayé, qu'elle a osé prendre un risque. Seul celui qui essaye peut échouer. Toute action implique un risque, qu'il s'agisse de l'ascension d'une montagne, des premiers pas d'un enfant, d'aller pêcher dans l'océan, de passer un examen ou d'apprendre à conduire. Pour entreprendre quoi que ce soit, il faut avoir l'esprit d'aventure. Le succès et l'échec nous suivent comme notre ombre. Parfois, nous réussissons, parfois nous échouons. Il ne faut pas craindre l'échec. La peur de l'échec fait obstacle à une réussite future et nous paralyse. Voilà pourquoi nous devons encourager ceux qui rencontrent l'échec. Il faut les inciter à renouveler leur tentative et leur enseigner à ne pas avoir peur. Dans les compétitions sportives, les perdants reçoivent des prix de consolation et on les incite à continuer. Il est toujours bon de donner des encouragements.

Comprenons que la vie n'est pas faite uniquement pour les gagnants, mais aussi pour les perdants ; soyons prêts à donner une chance à ceux qui ont échoué et à pardonner leurs erreurs. La patience et le pardon assurent notre progrès, comme l'huile que l'on met dans un moteur pour le lubrifier. Ecarter ceux qui n'ont échoué qu'une fois, c'est leur faire le plus grand tort. C'est pourquoi, dit-on, lors des compétitions, il faut récompenser non seulement les vainqueurs, mais aussi les derniers. Il ne faut pas se moquer des perdants, il faut au contraire les encourager. Pour qu'ils gardent leur enthousiasme, ces encouragements ont une importance capitale.

Aujourd'hui, seuls les gagnants sont valorisés. On tourne en ridicule ceux qui échouent. Selon Amma, le fait de n'accepter que la réussite est en soi le plus grand des échecs.

La vie est faite pour les aventuriers, pas pour les défaitistes. C'est le principe qu'enseigne la spiritualité. La nouvelle génération ne grandira selon ce principe que si nous-mêmes y conformons notre vie. Pardonner maintenant, c'est œuvrer pour l'avenir. Cela bénéficie autant à ceux qui accordent leur pardon qu'à ceux qui le reçoivent.

Mes enfants, vous songez peut-être : « En pardonnant toujours, est-ce qu'on ne devient pas un vrai paillasson ? Est-ce qu'on ne perd pas son discernement ? » C'est tout le contraire qui se produit : le pardon permet aux deux parties de progresser. Seuls ceux qui comprennent ce principe peuvent développer la capacité de servir de manière réellement désintéressée. Le véritable service désintéressé est accompli dans un esprit d'abandon total. C'est un cercle sans commencement ni fin, parce que c'est aimer pour aimer. Lorsqu'on a cette attitude, il n'y a aucune attente. Dans cet état intérieur, nous percevons tous ceux qui travaillent avec nous comme une bénédiction envoyée par Dieu. Ce n'est possible que quand l'amour est présent et c'est seulement alors que nous pouvons pardonner aux autres et oublier leurs erreurs.

Nous savons comment s'est comporté notre grand ancêtre Sri Rama. Sa belle-mère, Kaikeyi, avait réclamé qu'il soit exilé pendant quatorze ans dans la forêt. Et comment a-t-Il réagi ? Avant de partir, Il s'est prosterné devant elle et lui a demandé sa bénédiction. Sri Krishna donna la libération au chasseur dont la flèche fut l'instrument de Sa mort. Le Seigneur pardonna à cet homme son ignorance. Et Jésus-Christ n'était pas différent. Il savait que Judas allait Le trahir et pourtant, Il n'a pas hésité à lui laver les pieds et à les embrasser.

Voilà l'exemple que nous ont donné nos ancêtres. Si nous les prenons pour modèles, nous trouverons sans nul doute la paix.

## Comment contribuer au progrès de la nation ?

Bien des gens demandent : « Comment puis-je me consacrer au bien du monde et au progrès de notre nation ? » Le pays ne pourra se développer et accroître son rayonnement que si nous formons des individus forts, pleins d'énergie et dévoués. C'est, en réalité, ce que fit Krishna. Il donna à Arjuna, le grand combattant et archer, la force, la vitalité et l'efficacité nécessaires pour lutter contre l'injustice, le mensonge et la tromperie. Il transforma l'attitude d'Arjuna face à la vie. Comme il était prêt à suivre les conseils du Seigneur, Arjuna, au lieu de maudire les circonstances ou de s'enfuir, combattit inlassablement et accomplit son destin.

Bouddha opéra la même transformation : il créa de nombreux Bouddhas. Le Christ fit la même chose. Ces grandes âmes créèrent des bienfaiteurs du monde de leur vivant et ils continuent aujourd'hui encore, bien qu'ils aient quitté ce monde.

Le plus grand cadeau que l'on puisse faire à la nation, c'est la création d'une génération future de cette trempe. L'ascension ou la décadence de la nation dépend de la force de la génération future.

Tout au long de notre vie, gardons l'attitude d'un débutant. Actuellement, notre corps a grandi, mais pas notre mental. Pour qu'il grandisse et devienne aussi vaste que l'univers, il faut garder l'état d'esprit d'un enfant. Seul un enfant peut se développer, grâce à son innocence. C'est cette innocence, cette absence d'ego qu'il faut cultiver. C'est ainsi seulement que nous pourrons recevoir la grâce de Dieu.

Le fondement de tout, c'est la Puissance universelle qui jongle avec nous et nous élève parfois jusqu'aux sommets. Nous connaissons alors la célébrité et la gloire. Mais que le soutien de la Puissance universelle nous abandonne et c'est la déchéance et la chute. Soyons-en toujours conscients. Amma se rappelle une histoire à ce sujet.

Il y avait au bord de la route un tas de cailloux. Un enfant qui passait par là en prit un et le lança en l'air. Pendant son ascension, le caillou s'est senti tout fier. « Hé, regardez-moi ! Tous les autres cailloux sont là-bas, par terre. Je suis le seul à m'élever dans le ciel, à me déplacer avec le soleil et la lune ! » Il s'est mis à se moquer des cailloux restés par terre. « Mais qu'est-ce que vous faites-là, en bas ! Venez donc ! » Les autres cailloux se consolaient en disant : « Que faire ? Il était avec nous il y a un instant. Maintenant, regardez à quelle hauteur il est parvenu ! Eh bien, il faut de la chance pour tout ! » Mais le caillou chanceux dut bientôt cesser ses vantardises. L'élan initial épuisé, il retomba. Pendant sa chute, il disait aux autres cailloux : « Voyez ! J'avais mauvaise conscience d'être ainsi loin de vous, c'est pourquoi je ne suis pas resté très longtemps là-haut ! » Voilà ce que nous observons dans le monde actuel : Nous trouvons toujours des excuses, nous avons tendance à justifier même nos fautes et à ne jamais admettre nos erreurs.

Il y a en nous de la sagesse mais nous sommes rarement capables de l'appliquer. Un médecin va faire une visite à domicile et on lui propose du Coca-cola ou un jus de noix de coco. Il choisit le Coca, sachant fort bien que c'est mauvais pour la santé, tandis que la noix de coco est ce qu'il y a de plus désaltérant. Mais le Coca est à la mode, alors il a laissé le jus ! De même, bien que nous ayons des connaissances, elles ne se reflètent pas dans nos actions. Il faut mettre notre savoir en pratique, sinon, il ne nous servira à rien.

Aujourd'hui, nous ne savons que prendre. La plupart des gens ne sont pas prêts à donner. Un homme tombe dans un puits et crie : « Au secours ! Sauvez-moi ! » Un passant l'entend et vient à son aide. Pour pouvoir le sortir du puits, il lui dit : « Donnez-moi la main ! » Mais l'homme dans le puits ne la lui donne pas. Le sauveteur finit par lui tendre la sienne et dire « Prenez ma main ! », ce qu'il fait aussitôt. Tel est le comportement de la plupart d'entre nous. Nous sommes toujours prêts à prendre mais quand il s'agit de donner, nous sommes très réticents. Si cette attitude persiste, elle entraînera la chute de ce pays. Si nous ne sommes pas capables de donner constamment sans jamais rien prendre, essayons au moins de donner quelque chose et d'être ainsi un exemple dont les autres s'inspireront. Tel est le moyen de maintenir l'harmonie dans ce pays et dans l'ensemble du monde. Mes enfants, comprenez-le et persévérez. C'est seulement ainsi que le pays pourra progresser.

## Ses mains et Ses pieds sont partout

Dieu n'est pas un personnage qui trône cérémonieusement là-haut, dans les sphères célestes. Dieu est au-delà de l'intellect. Dieu est une *expérience*. Il est impossible de voir Dieu avec les yeux, mais en tournant notre attention vers l'intérieur, il est possible de Le voir, il est possible de percevoir Sa présence dans le chant du coucou, le croassement du corbeau, le mugissement de l'océan et le rugissement du lion. La même Conscience suprême permet aux pieds de marcher, aux mains de travailler, à la langue de parler, aux yeux de voir et au cœur de battre. La Conscience suprême est omniprésente. A ce propos, Amma se rappelle une histoire.

Dans un village se dressait la statue d'un saint. Il était représenté les bras tendus et sur le socle de la statue était écrit : « *Venez dans mes bras !* » Les années passèrent et la statue perdit les deux bras. Les villageois étaient très ennuyés, car l'inscription, elle, était encore clairement lisible. Certains proposèrent d'ériger une nouvelle statue, tandis que d'autres n'étaient pas d'accord : ils préféraient restaurer l'ancienne et lui faire de nouveaux bras. Un vieillard prit alors la parole : « Ne vous disputez pas. Il n'y a besoin ni de bras neufs ni d'une autre statue. » Les autres répliquèrent : « Mais alors l'inscription « *Venez dans mes bras !* » n'a plus de sens ! » « Ce n'est pas un problème, rétorqua le vieillard. Ajoutez simplement quelques mots en dessous : « *Je n'ai pas d'autres bras que les vôtres. C'est à travers vous que j'agis !* »

Ainsi, Dieu n'a pas d'autres pieds ni d'autres mains que les nôtres. Dieu œuvre à travers *nous*. Il faut donc que Dieu pénètre dans nos mains et dans nos pieds, dans notre cœur et dans notre langue. Il faut que nous-mêmes, nous devenions Dieu.

Il ne se produit normalement que deux choses dans la vie : nous agissons et nous récoltons le fruit de ces actions. Les bonnes actions donnent de bons fruits et les actions nuisibles en produisent invariablement de mauvais. Ne soyez pas effrayés par ces paroles, mes enfants. Si nous faisons un pas vers Dieu, il en fera dix vers nous.

Dans les écoles de villages, les enfants reçoivent souvent des points supplémentaires pour les aider à passer leurs examens. Ainsi, ceux qui ont écrit au moins une partie des réponses peuvent obtenir la moyenne. De même, un effort minimum de notre part est nécessaire. Si nous le faisons, nous sommes sûrs de réussir, parce que la grâce de Dieu se répandra sur nous. Ce qui détermine notre réussite, plus encore que l'effort personnel, c'est la grâce de Dieu. C'est elle qui confère de la douceur à notre effort. Outre les efforts que nous fournissons, faisons aussi de notre mieux pour éliminer le sens du « moi » car sans cela, il est impossible de recevoir la grâce de Dieu. Même si Dieu répand sur nous sa grâce, ce sera en vain tant que nous garderons le sentiment du « moi » et du « mien ». Les candidats à un poste envoient leur dossier et s'ils sont retenus, ils sont convoqués pour un entretien. Parmi ceux qui sont sélectionnés, il y a bien des candidats diplômés, disposant en outre d'excellentes références. Mais ce ne sont pas toujours ceux qui répondent parfaitement aux questions qui obtiennent l'emploi. Pourquoi ? C'est que certains n'ont pas su mériter la grâce qui aurait attendri le cœur de leur inter-locuteur. Cette grâce est le fruit de bonnes actions. Bien des gens choisissent la solution de facilité pour obtenir ce qu'ils veulent, sans essayer d'acquérir cette grâce.

Dix millions de roupies terrestres équivalent à un *paisa* céleste, dit-on, et une seconde au Ciel dure dix millions d'années sur la terre. Un dévot fit cette prière : « Seigneur, n'es-Tu pas la demeure de la compassion ? Tu n'as pas besoin de me donner grand-chose. Bénis-moi simplement en me donnant un *paisa* de Ton monde céleste ! » Dieu répondit : « Bien sûr, je suis heureux de te donner un *paisa*. Attends juste une seconde ! »

Voilà ce qui arrive quand nous essayons de tromper Dieu. Dieu n'est pas sot ! Dieu est la grande Intelligence, la source de toute intelligence dans l'univers. Rappelons-nous bien cela. La meilleure façon de réussir dans la vie est donc de mériter la grâce de Dieu en faisant de bonnes actions.

Ecoutons toujours la voix de notre conscience. Agir à l'encontre de notre conscience, ignorer cette voix, créera en nous de l'effervescence et nous conduira forcément à la ruine.

## L'humilité et la compassion

Amma dit toujours que la méditation est aussi précieuse que l'or. Elle nous apporte la prospérité matérielle, la paix et la libération. Le temps passé en méditation n'est jamais perdu, il a une grande valeur. Si, outre le fait de méditer, nous avons en plus de la compassion, c'est comme de l'or qui serait parfumé ! Un sourire, un mot gentil, un regard plein de compassion, tout cela en vérité, c'est de la méditation. Même une parole fortuite a une grande importance. Il faut donc faire très attention à chacune de nos paroles. Prenons garde à ne jamais prononcer une seule parole qui pourrait faire souffrir autrui car tout ce que nous donnons nous revient. Si nous faisons souffrir les autres, nous souffrirons. Si nous leur donnons de l'amour, nous connaîtrons l'amour et la joie.

Un groupe de voyageurs égarés arrive dans un endroit inconnu. Ils croisent un homme sur la route et lui demandent leur chemin en l'interpellant d'une façon grossière : « Hé, dis donc, toi, quel est le chemin qui mène à cet endroit ? » Comme leur ton était arrogant, l'homme décida de donner une leçon à ces orgueilleux et leur indiqua un itinéraire qui les faisait tourner en rond.

Si les voyageurs avaient maîtrisé leur arrogance et demandé poliment, il aurait fait de son mieux pour les aider. Même s'il ignorait le chemin, il les aurait emmenés chez une personne capable de les guider. Notre façon d'être envers les autres et les mots que nous utilisons déterminent leur attitude envers nous. Si nous nous exprimons avec amour et humilité, nous obtenons une réponse appropriée. C'est pourquoi, dit-on, chacune de nos paroles doit être choisie avec soin. Un homme se rend dans un quartier riche pour trouver du travail. « Je suis pauvre, sans emploi. S'il vous plaît, donnez-moi du travail ! » implore-t-il. Mais les gens le chassent. Le pauvre homme se rend dans une autre localité, et là aussi, les habitants lui ordonnent en criant de partir. Si cette expérience se reproduit dix fois, cet homme n'aura peut-être plus envie de vivre. Il sera tenté de se suicider. Mais si quelqu'un lui répond gentiment : « Soyez patient. Si jamais j'ai quelque chose à vous proposer, je vous appellerai, c'est promis ! » cela peut lui sauver la vie. Assurons-nous donc que chacune de nos pensées et de nos paroles exprime l'amour et la compassion. Alors la grâce de Dieu se répandra automatiquement sur nous. « Oh, Seigneur, fais que je ne fasse de mal à personne, ni en pensées, ni en paroles, ni même par mes regards ! » Cette prière, venue du cœur, c'est l'essence de la dévotion. C'est la vraie connaissance, c'est notre véritable devoir envers Dieu.

Le soleil n'a pas besoin de la lumière d'une bougie. Dieu n'a besoin de rien. Un cœur plein de compassion, voilà tout ce qu'Il attend de nous. Allons vers ceux qui souffrent pour leur apporter la paix. C'est ce que Dieu souhaite. La bonté et l'amour que nous manifestons envers les malheureux, c'est cela qui nous rend aptes à recevoir la grâce de l'Être suprême.

Amma ne veut pas vous ennuyer en parlant plus longtemps. Amma ne peut pas affirmer que toutes les institutions de l'ashram ont vu le jour grâce à elle. Si ces œuvres existent aujourd'hui, cela est dû aux compétences des dévots, d'enfants comme vous. Des milliers d'enfants d'Amma travaillent dur, jusqu'à dix-huit heures par jour, sans recevoir de salaire. Même pour la construction de cet hôpital, nous n'avons pas engagé d'entreprise. Les enfants d'Amma ont travaillé selon leurs capacités. Il y eut au début quelques erreurs, mais personne n'a été renvoyé pour cela. À force d'encouragements et par la grâce de

Dieu, les bénévoles ont pu corriger leurs erreurs et accomplir une œuvre magnifique. Il faut donc donner une seconde chance à ceux qui échouent et les aider au lieu de les rejeter. En les épaulant, nous pouvons en faire des gagnants. Shiva... Shiva... Shiva.

# Faites de chaque jour Onam

*Message d'Amma pour Onam, 1998, Amritapuri*

C'est aujourd'hui Onam, un jour de fête, d'effervescence, d'enthousiasme et de joie. En ce jour, même les plus malheureux s'efforcent d'oublier leur souffrance. Il est dit que le véritable souvenir naît de l'oubli. Si un chirurgien pense à sa femme et à ses enfants pendant une opération, celle-ci ne réussira pas. Pour qu'elle soit un succès, il doit se concentrer totalement sur ce qu'il fait. Et de même, quand il rentre chez lui et que son enfant accourt, assoiffé d'amour, en criant : « Papa, papa ! », si son esprit est encore concentré sur ses malades, il ne peut pas être un bon père. Et s'il n'écoute pas sa femme quand elle lui parle de ses problèmes, il ne peut pas non plus être un bon époux. A l'hôpital, le médecin oublie son foyer et chez lui, il oublie l'hôpital. Cette capacité d'oublier assure sa réussite professionnelle et le bonheur de son foyer.

Suffit-il d'être heureux le jour de la fête d'Onam ? La joie ne devrait-elle pas régner tous les jours ? Être heureux un jour par an, quand nous sommes tristes le reste du temps, est-ce possible ? Ce jour-là, notre joie est-elle réelle ? Songez-y, mes enfants !

La joie devrait illuminer les trois cent soixante-cinq jours de l'année, et non une seule journée. Notre vie entière devrait devenir une fête ! La spiritualité nous enseigne le moyen d'y parvenir. Pour que cet abandon se produise, il faut prendre entièrement refuge en l'Être suprême. Voilà, en réalité, ce que Mahabali nous a montré. C'était un *asura* (démon) mais il a réussi à s'abandonner à l'Être suprême, à renoncer à son « moi ». Dieu ne nous demande rien d'autre.

Dieu est la personnification de la compassion et il tend humblement les deux bras vers nous pour recevoir notre ego.

L'ego, voilà l'offrande que Dieu préfère, et c'est cela qu'il faut Lui donner. C'est ce que fit Mahabali. Si nous n'y sommes pas prêts, Dieu trouvera un moyen d'extirper notre ego ! Il sait que nous ne pouvons connaître le vrai bonheur qu'une fois cela accompli. Cet abandon à l'Être suprême purifie le mental et l'intellect. C'est ainsi que notre vie peut devenir une fête.

On dit que le sacrifice est la condition nécessaire au bonheur. Il existe de nombreuses sortes de sacrifices. Pour voir un match, les passionnés de cricket sont prêts à supporter la pluie et les ardeurs du soleil. Quand un bébé est malade, les parents ne dorment pas de la nuit pour soigner l'enfant, même s'ils ont travaillé toute la journée et sont épuisés. Voilà les petits sacrifices que nous faisons. Mais pour accéder à la joie suprême, qui est éternelle, il faut un grand sacrifice : le sacrifice de l'ego.

Nous ne trouverons la joie que grâce au sacrifice. Un petit sacrifice nous apporte une joie de courte durée ; cette joie n'est pas éternelle. Peut-être vous rappelez-vous l'histoire que vous avez entendue, enfants. C'est l'histoire de la motte d'argile et de la feuille morte qui jouent à cache-cache. C'est une histoire destinée aux petits enfants, mais elle a un sens profond. La motte et la feuille sont en train de s'amuser, quand le vent se met à souffler. La motte s'inquiète : « Oh, non ! La feuille risque d'être emportée par le vent ! » Alors elle se pose sur la feuille et la sauve. Peu après, il se met à pleuvoir. La feuille se pose sur la motte et la protège de la pluie. La motte est sauvée. Mais ensuite, le vent et la pluie arrivent ensemble et vous savez ce qui se passe. La feuille est emportée par le vent et la motte d'argile se dissout. Voilà à quoi ressemble notre vie : quand notre bonheur dépend des autres, nous connaissons de petits bonheurs mais lorsque nous sommes confrontés à un grand danger, il n'y a personne pour nous sauver. Notre seul recours est alors de prendre refuge en l'Être suprême.

Cet abandon à Dieu est notre seule protection. C'est la seule manière d'être toujours heureux.

## Vivez dans le moment présent

Mes enfants, le fardeau de nos soucis est peut-être lourd : notre fils n'a pas trouvé d'emploi, notre fille n'est pas mariée, nous n'avons pas construit la maison de nos rêves, nous ne réussissons pas à guérir de notre maladie, la discorde règne dans la famille, notre affaire encourt des pertes financières, etc. Nous nous consumons comme l'enveloppe du riz en songeant à tous nos ennuis[46]. La tension qui règne dans le mental est la cause de toutes les maladies.

La seule façon de s'en libérer, c'est de s'abandonner à Dieu. A quoi bon endurer le stress et la souffrance ? Faisons de notre mieux, en utilisant la force et les capacités que Dieu nous a données. Puis, laissons les choses se dérouler selon la volonté de Dieu. Abandonnez tout à l'Être suprême. Il n'y a pas d'autre issue que de prendre totalement refuge en Dieu. A quoi sert de se ronger en pensant au passé ou au futur ? Vous ne disposez que de l'instant présent. Soyez attentif à ne pas le gâcher en vous affligeant.

« Demain » n'arrivera jamais. Nous ne pouvons faire l'expérience que du moment *présent*. Allons-nous respirer une fois encore ? Nous l'ignorons. Mes chers enfants, efforçons-nous de vivre dans l'instant présent.

Cela ne signifie pas qu'il ne faut pas faire de projets pour l'avenir. Avant de construire une maison, il faut dresser un plan. Quand nous dessinons le plan de la maison, il s'agit d'y consacrer toute notre attention et quand le moment est venu de construire, de se concentrer sur le chantier en cours. C'est ce qu'Amma veut dire.

Avant de construire un pont, il faut en dessiner le plan. Lors de cette phase, nous ne nous préoccupons pas de la construction,

---

[46] L'enveloppe du riz brûle très lentement

mais uniquement du plan. Puis, lorsque nous passons aux travaux de construction, nous y consacrons toute notre attention. Il est certes bienvenu de préparer l'avenir, mais à quoi bon s'angoisser au sujet de ce qui va advenir ? L'essentiel est de consacrer le moment présent à quelque chose d'utile et de le vivre dans la joie. Comment ? Vivons l'instant présent de façon à donner le plus de joie possible au monde et à nous-mêmes.

Pour être heureux dans le présent, il faut oublier le passé et l'avenir. C'est possible, si nous nous abandonnons totalement à l'Être suprême. Alors, la vie devient une fête. C'est Onam trois cent soixante-cinq jours par an !

Donc, mes enfants, si nous nous abandonnons à l'Être suprême, nous ferons de la vie une fête.

## Raffiner le mental

Mes enfants, nous sommes fiers de notre nature humaine, mais ceci ne concerne que la forme extérieure. A l'intérieur, nous sommes toujours « le grand singe ». Notre mental est encore celui du singe ! Quand le foetus humain se trouve dans le sein de sa mère, il a d'abord la forme d'un poisson, puis celle d'un singe. Une fois que l'être humain est né, c'est avec réticence qu'il abandonne sa nature de singe. Le singe, dans les arbres, saute de branche en branche. Mais le singe humain lui est bien supérieur, puisque d'un bond, il peut aller sur la lune. D'un autre bond, il atterrit en Amérique et le suivant l'emmène en Russie. Il peut sauter des années en arrière, et l'instant d'après, bondir dans le futur. C'est ainsi que se comporte ce singe qu'est le mental humain ! Ce n'est pas une mince affaire que de transformer un tel mental. Notre *samskara* (nature) antérieur est extrêmement puissant.

Trois hommes, Ramou, Damou et Komou, marchent dans la rue. Au passage, quelqu'un appelle derrière eux : « Hé, Ramou ! » Ramou tourne la tête pour voir qui l'appelle. Un peu plus loin, une autre personne lance : « Hé, Damou ! » Et cette fois,

Damou regarde par-dessus son épaule. Puis, ils entendent : « Hé, Komou ! » et Komou tourne la tête. Ils continuent leur chemin et un peu plus tard, quelqu'un crie : « Hé, vous, les singes ! » Et on dit qu'ils ont tous les trois tourné la tête.

Il s'agit-là d'une tendance innée héritée du passé. L'être humain a le mental d'un singe, un mental qui ne cesse de courir dans toutes les directions et qu'il est très difficile de transformer. Pour contrôler ce mental, il faut le réfréner et lui donner la forme d'un cercle, c'est-à-dire ordonner et maîtriser les pensées qui ne cessent de se disperser. Et les qualités nécessaires pour y parvenir sont l'humilité et l'abandon à Dieu. Si nous avons ces qualités, nos pensées ne vagabonderont pas à leur gré. Un serpent qui se mord la queue ne peut pas avancer. De même, si nous pouvons soumettre notre mental à notre volonté, les pensées indésirables disparaîtront et nous aurons le contrôle du mental.

Mahabali eut l'humilité de s'incliner devant l'Être suprême. Il réussit à s'abandonner à Dieu. Son mental devint donc aussi vaste que l'univers et tout son être fut rempli d'amour et de compassion. Il parvint ainsi à évoluer, ses qualités démoniaques faisant place aux qualités divines.

Nous aussi, nous pouvons évoluer et passer de notre état actuel, où notre mental ressemble à un singe, à l'état d'union avec le divin. Il suffit simplement de s'abandonner à Dieu. Il faut être prêt à incliner la tête devant Dieu. Il est nécessaire de cultiver l'humilité. Amma vous répète souvent que le corps a grandi, mais pas l'esprit. Tel est notre état actuel. Pour que notre mental se développe et devienne aussi vaste que l'univers, il faut d'abord que nous devenions pareils à de petits enfants, car seul un enfant peut grandir.

Lorsque nous relions un tuyau à une citerne, l'eau stockée peut s'écouler et bénéficier au monde. De même, nous devons nous relier à l'Être suprême. Alors la puissance infinie de Dieu coulera à travers nous. Se relier à l'Être suprême, c'est abdiquer le sentiment du « moi » et tout abandonner à Dieu. En vérité, c'est lorsqu'on se considère comme rien que l'on devient tout. Voilà le sens du dicton : « Si tu es un zéro, tu deviens un héros »

Un dévot doit posséder les qualités suivantes : l'humilité, un sentiment de respect envers tous les êtres vivants, la compassion et l'attitude d'un débutant. Telle est la culture que les *rishis* de jadis nous ont transmise. Si nous assimilons ces qualités, si nous en faisons le fil conducteur de notre vie, nous pouvons atteindre le but ultime de la vie.

# Glossaire

**Advaita :** La non dualité. La philosophie qui enseigne que le Créateur et la création sont un et indivisible.

**Archana :** « Offrande en adoration ». Une forme d'adoration au cours de laquelle on récite les noms d'une divinité (Vishnou, Shiva, Lalita), généralement au nombre de cent huit, trois cents ou mille.

**Arjouna :** Le troisième des frères Pandava. Excellent archer, il est l'un des héros de l'épopée du Mahabharata. Il étai l'ami et le disciple de Krishna. C'est à Arjouna que s'adresse Krishna dans la Bhagavad Gita.

**Ashram :** « Lieu de l'effort » Un lieu où les chercheurs spirituels vivent ou bien séjournent pour mener une vie spirituelle et se consacrer aux pratiques spirituelles. C'est généralement la résidence d'un maître spirituel, d'un saint ou d'un ascète qui guide les chercheurs.

**Asoura :** un démon ; une personne dont les traits de caractère sont démoniaques.

**Atman :** le Soi transcendantal, l'Esprit ou la Conscience, qui est éternelle. Notre essence. Une des croyances fondamentales du Sanatana Dharma est que nous sommes le Soi (Esprit) éternel, pur, que rien ne peut entacher.

**Avatar :** « Descente » Une incarnation de l'Être suprême. Le but d'une incarnation divine est de protéger le bien, d'anéantir le mal et de rétablir le *dharma* (la justice divine) dans le monde et de guider l'humanité vers le but spirituel de la Réalisation du Soi. Il est très rare qu'une incarnation soit une descente complète du Divin (*purnaavatar*).

**Bhagavad Gita :** « le chant du Seigneur » *Bhagavad* = du Seigneur *gita* = chant ; cela désigne spécialement des instructions.

L'enseignement de Krishna à Arjouna sur le chant de bataille de Kouroukshetra au début de la guerre du Mahabharata. C'est un guide pratique pour la vie quotidienne de tous les êtres humains ; ce guide contient l'essence de la sagesse védique. On le désigne communément comme « la Gita ».

**Bhagavatam** : un des dix-huit livres de l'hindouisme rassemblés sous le nom de Pouranas. Le (Srimad) Bhagavatam raconte surtout les incarnations de Vishnou et narre jusque dans les moindres détails la vie de Sri Krishna. Il insiste surtout sur la voie de la dévotion.

**Bhakti** : la dévotion.

**Bhava** : attitude, état, humeur, état divin d'identification avec une forme divine.

**Bhima** : Le second des cinq frères Pandava dont l'histoire est racontée dans le Mahabharata.

**Brahmachari** : un disciple non marié qui se consacre à une discipline spirituelle et qui est généralement entraîné par un *guru*.

**Brahman** : La Réalité absolue ; le Tout ; l'Être suprême ; « Cela » qui contient tout et qui est présent en tout, qui est « Un et indivisible ».

**Darshan** : une entrevue avec une personne sainte ; une vision du Divin.

**Dhanvantari** : Il apparaît dans les Védas et dans les Pouranas ; c'est le médecin des êtres célestes (dévas) et le dieu de la médecine.

**Dharma** : Ce mot vient de la racine *dhri* : soutenir, s'accrocher à. On le traduit souvent tout simplement par « justice ». *Dharma* a de nombreux sens, qui sont profondément reliés entre eux : Ce qui soutient l'univers ; les lois de la Vérité ; les lois universelles ; les lois de la nature ; ce qui est en accord avec l'harmonie divine ; l'honnêteté ; la religion ; le devoir ; la responsabilité ; la conduite juste ; la justice ; la bonté et la vérité. *Dharma* désigne les principes essentiels (inner) de la religion. Il indique la véritable nature, le fonctionnement correct d'un objet et les actions correctes d'un être humain. Par exemple, le *dharma* du feu est de brûler. Le *dharma* d'un être humain est de vivre en harmonie avec les principes universels de la spiritualité et de développer une conscience supérieure.

**Gopi** : Les *gopis* étaient les bergères et les laitières de Vrindavan. C'étaient les dévotes les plus proches de Krishna, célèbres pour leur dévotion et leur amour suprêmes.

**Grihasthashrami** : Quelqu'un qui, tout en étant marié, se consacre à une vie spirituelle.

**Ishta devata** : « divinité bien-aimée » La divinité que l'on a choisi de vénérer, celle qui correspond à notre nature ; elle est à la fois l'objet de notre plus grand désir et notre but ultime.

**Itihasa** : « Il en fut ainsi » Epopée historique, particulièrement le Ramayana et le Mahabharata. Ce terme se réfère parfois aux Pouranas, surtout au Skanda Pourana et au Srimad Bhagavatam.

**Kali youga** : « l'âge sombre » Il existe dans la création un cycle de quatre périodes (âges) (voir *youga* dans le glossaire). Nous vivons actuellement dans le Kali youga. La civilisation humaine dégénère du point de vue spirituel et c'est l'adharma (injustice) qui prévaut pendant le Kali youga. On le désigne comme l'âge sombre essentiellement parce que les humains s'éloignent de Dieu.

**Krishna** « Celui qui nous attire à lui » « Celui qui est sombre » (Dans ce contexte, l'adjectif « sombre » correspond à Sa nature infinie, au fait qu'Il est inconnaissable et incompréhensible avec les capacités très limités du mental et de l'intellect.) Il naquit dans une famille royale mais grandit chez des parents adoptifs et vécut comme pâtre à Vrindavan, où Il fut aimé et vénéré par ses compagnons les *gopis* (bergères et laitières) et les *gopas* (pâtres). Krishna devint ensuite le souverain de Dvaraka. Il était l'ami et le conseiller de ses cousins, les Pandavas et surtout d'Arjouna, auquel Il révéla son enseignement dans la Bhagavad Gita.

**Kouchela :** Kouchela était un ami d'enfance de Sri Krishna. Une fois adulte, il vécut dans la pauvreté. Sa femme et ses enfants étaient affamés. La femme de Kouchela lui dit un jour : « Sri Krishna n'était-il pas ton camarade d'école ? Va le voir pour lui demander de l'aide. » Kouchela accepta. Mais comment pouvait-il aller voir son vieil ami les mains vides ? Il n'y avait rien à donner dans sa maison, excepté une poignée de brisures de riz. Kouchela partit pour Mathoura avec cette poignée de riz comme seul cadeau. En chemin, il se demandait comment Krishna allait le recevoir. Krishna était célèbre et habitait un palais tandis que lui, Kouchela, vivait dans une extrême pauvreté. Mais dès que Krishna aperçut Kouchela, il courut vers lui et l'étreignit. Il invita Kouchela à entrer au palais et le traita avec une grande affection. Kouchela hésitait à offrir sa poignée de brisures de riz. Mais Krishna la prit, en mangea, en offrit aux autres et en loua le goût. Kouchela passa quatre journées heureuses au palais. Il oublia complètement de demander à Krishna de le délivrer de la pauvreté. Mais quand il arriva chez lui, il découvrit que Krishna avait envoyé de l'or, des vêtements luxueux et de l'argent, et on construisit une magnifique demeure pour Kouchela.

**Mahabali :** On célèbre le roi Mahabali le jour d'Onam. C'était un roi puissant, un *asura* (démon) qui triompha des *devas* (dieux) au cours d'une bataille et qui régnait donc également sur les sphères célestes. Aditi, la mère des *devas*, s'inquiétait de l'avenir de sa progéniture et pria le dieu Vishnou de sauver les dieux. Vishnou s'incarna donc sous la forme de son fils Vamana, un nain divin. Vamana, encore *brahamachari* (un jeune homme pas encore marié qui étudie les Védas), se rendit chez Mahabali qui l'accueillit et promit de lui accorder tout ce qu'il demanderait. Vamana demanda simplement le terrain qu'il pourrait couvrir en faisant trois pas. Mahabali trouva que sa requête était insignifiante. Malgré l'avertissement de son guru qui lui révéla que ce jeune *brahmachari* était en réalité le Seigneur Lui-même, venu sous cette forme, il accorda à Vamana ce qu'il demandait. Alors Vamana se mit à grandir à l'infini, il prit une taille immense et, en deux pas, enjamba tout les mondes. Comme il n'y avait plus de place pour qu'il fasse le troisième pas, Mahabali s'abandonna joyeusement au Seigneur et offrit sa tête pour qu'Il y pose le pied. Dans la version populaire de l'histoire, le Seigneur envoya Mahabali dans les mondes inférieurs en le poussant du pied. Mais comme l'indique Amma, il ne s'agit pas d'une interprétation correcte de l'histoire et ce n'est pas ainsi que cela se déroule dans le Srimad Bhagavatam. La véritable intention du Seigneur était de détruire l'ego de Mahabali qui, mis à part cet ego, était un grand dévot. Dans le Bhagavatam, il est dit que Mahabali obtient une place très spéciale dans le monde de Soutala, où il retrouve son grand-père, le célèbre Prahlada, un des plus grands dévots du Seigneur. Le Seigneur Lui-même promet de garder la porte de Mahabali dans ce monde splendide. La morale de l'histoire, c'est que le Seigneur bénit Son dévot en détruisant son ego et l'élève ensuite jusqu'à l'état suprême. On raconte que Mahabali demanda au Seigneur la permission de rendre visite à ses sujets bien-aimés une fois par an, le jour d'Onam. Selon la légende, Mahabali fut un grand roi, sous le règne duquel tous étaient prospèrent et traités de manière égale. Le jour d'Onam, les habitants du Kérala se rappellent cet âge d'or. C'est seulement dans le Kérala que le nom de Mahabali est associé à une fête spéciale. Le Bhagavatam ne mentionne pas cette requête qu'aurait faite Mahabali : rendre visite chaque année à ses sujets.

**Mahatma :** « grande âme ». Quand Amma emploie le mot *mahatma*, elle désigne une âme réalisée.

**Onam :** Onam est la plus grande fête du Kérala. Elle est célébrée le premier mois du calendrier (malayali) de l'année et possède les caractéristiques d'une fête de nouvel an et d'une fête de la moisson. Ce jour-là, tous, quelle que soit leur caste, leur croyance ou leur fortune, se réjouissent et célèbrent Onam en portant des habits neufs et en faisant un repas de fête. Onam célèbre la visite annuelle de l'esprit du roi mythique Mahabali dans son royaume.

**Pada puja :** la vénération des pieds de Dieu, d'un guru ou d'un saint. Les pieds soutiennent le corps et de même, le Principe du guru soutient la vérité suprême. Les pieds du guru symbolisent la vérité suprême.

**Payasam :** du riz au lait.

**Prarabdha :** « responsabilités, fardeaux » Le fruit des actions accomplies au cours de cette vie et de vies antérieures, que nous récoltons dans cette vie-ci.

**Puja :** « adoration » Rituel sacré ; cérémonial d'adoration.

**Radha :** Une des *gopis* de Krishna, celle qui était la plus proche de Lui ; elle personnifie la dévotion suprême et le pur amour pour Dieu.

**Rahou :** Une des neufs planètes (*navagrahas*). Rahou est le nœud lunaire ascendant. Dans la mythologie hindoue, Rahou est un serpent qui avale le soleil ou la lune et provoque des éclipses.

**Rama :** « Celui qui donne la joie » Le divin héros de l'épopée du Ramayana. C'était une incarnation du dieu Vishnou et on Le considère comme l'idéal du *dharma* et de la vertu.

**Ramayana :** « La vie de Rama » une des deux grandes épopées historiques de l'Inde (l'autre est le Mahabharata) qui dépeint la vie de Rama. L'auteur en est le sage Valmiki. Rama était une incarnation du dieu Vishnou. Cette épopée décrit essentiellement l'enlèvement de Sita, l'épouse de Rama, par Ravana, le Roi-démon de Sri Lanka, puis sa libération par Rama et ses dévots, entre autres Hanouman.

**Rishi** : Rshi = savoir Un sage ayant réalisé le Soi. On désigne généralement ainsi les sept rishis de l'Inde antique, c'est-à-dire des âmes réalisées qui pouvaient voir la vérité suprême.

**Sabarimala** : Un lieu de pèlerinage dans le Kérala où se dresse un temple célèbre consacré au Seigneur Ayyappan.

**Samadhi** : Un état de concentration profonde dans lequel toute pensée disparaît ; le mental entre dans un état de parfaite tranquillité où il ne reste que la pure Conscience ; on demeure alors en l'Atman. C'est un état dans lequel l'expérience, l'expérimentateur et le contenu de l'expérience ne font plus qu'un.

**Samsara** : Le cycle sans fin des naissances et des morts.

**Samskara** : *Samskara* a deux sens : 1) la totalité des impressions laissées dans le mental par les expériences de cette vie ou des vies précédentes, qui influencent la vie d'un être humain, sa nature, ses actions, son état intérieur, etc. 2) L'éveil de la compréhension juste (la connaissance) chez un être humain, qui conduit au raffinement de son caractère.

**Sanatana Dharma** : « Le principe éternel » est le nom traditionnel de l'hindouisme.

**Sankalpa** : une résolution créative integral qui est manifestée. Le *sankalpa* d'une personne ordinaire ne porte pas toujours ses fruits mais le *sankalpa* d'un être réalisé amène infailliblement le résultat voulu.

**Sannyasi ou sannyasini** : un moine ou une nonne qui a fait vœu de renoncement ; ils portent traditionnellement des vêtements ocres qui symbolisent le fait que tous leurs attachements ont été brûlés dans le feu du renoncement.

**Satsang :** *sat* = vérité, être ; *sanga* = association avec. Être en compagnie des saints, des sages et des vertueux. Désigne aussi un discours spirituel tenu par un sage ou un érudit.

**Seva :** Service désintéressé.

**Sita :** L'épouse de Rama. Elle est considérée comme le modèle parfait de la vertu pour les femmes.

**Sri Lalita Sahasranama :** Un texte sacré composé des Mille Noms de la Mère divine et que l'on psalmodie. Chaque nom est un mantra.

**Tapas :** « Chaleur » Discipline, austérité, ascèse et sacrifice de soi ; pratiques spirituelles qui consument les impuretés du mental.

**Tapasvi :** celui qui se livre à de sérieuses austérités.

**Vanaprastha :** La vie d'ermite. Dans la tradition de l'Inde ancienne, la vie comprend quatre étapes. Le jeune est d'abord envoyé dans une *gurukula* où il mène la vie d'un *brahmachari*. Puis il se marie et mène la vie d'un chef de famille qui se consacre à la vie spirituelle (*grihasthashrami*). Vanaprastha est la troisième étape de la vie. Quand les enfants du couple sont assez grands pour subvenir à leurs besoins, les parents se retirent dans un ermitage ou un ashram où ils mènent une vie purement spirituelle, vouée aux pratiques spirituelles. Au cours du quatrième stade de la vie ils renoncent complètement et mènent une vie de renoncement

**Védangas:** Branches de la connaissance auxiliaires aux Védas (Astrologie, Ayurvéda).

**Védanta :** « Conclusion des Védas ». La philosophie des Upanishads, la partie qui conclut les Védas et qui affirme que la Vérité ultime est « Une sans second ».

**Védantin :** une personne qui suit la voie du Védanta.

**Védas :** « Connaissance, sagesse ». Les Ecritures anciennes et sacrées de l'hindouisme. Un recueil de textes sacrés en sanscrit qui a été divisé en quatre parties : *Rig, Yajur, Sama* et *Atharva*. Les Védas, qui sont un des textes les plus anciens qui nous soient parvenus, contiennent cent mille vers et de la prose. Ils ont été transmis au monde par les *rishis*, des sages qui avaient réalisé le Soi. Les Védas sont considérés comme la révélation directe de la Vérité suprême.

**Viveka :** Discernement ; la capacité de discerner entre le réel et l'irréel, entre l'éternel et l'éphémère, le *dharma* et l'*adharma*, etc.

**Youdhistira :** L'aîné des cinq frères Pandava. Il était le roi d'Hastinapoura et d'Indraprastha. Il était renommé pour sa piété sans faille.

**Youga :** Âge, époque. Il existe quatre *yugas* : le *satya* ou *krita yuga* (l'âge d'or), le *treta yuga*, le *dwapara yuga* et le *kali yuga* (l'âge sombre). Nous sommes actuellement dans le *kali yuga*. Le cycle des *yugas* est éternel.

www.ingramcontent.com/pod-product-compliance
Lightning Source LLC
LaVergne TN
LVHW051729080426
835511LV00018B/2954